BASEBALL 2021 WORDSEARCH PUZZLES

THIS BOOK BELONGS TO:

_____

PIGGYBACK PRESS

piggybackpress.com
Copyright © 2021. All Rights Reserved.

BOSTON RED SOX 2021 PLAYERS

```
C  E  I  N  M  G  H  G  J  O  P  W  S  M  Q
H  O  K  A  S  A  G  A  Q  R  H  W  R  A  Y
R  R  C  T  T  R  O  R  U  E  I  J  E  R  A
I  F  E  H  R  R  F  R  S  D  L  .  V  W  C
S  N  W  A  E  E  M  E  E  R  L  D  E  I  K
T  E  A  N  A  T  A  T  L  O  I  .  D  N  S
I  R  L  E  G  T  R  T  B  C  P  M  L  G  E
A  R  P  O  O  W  T  R  O  Y  S  A  E  O  L
N  E  N  V  B  H  I  I  R  H  V  R  A  N  R
A  T  I  A  R  I  N  C  L  C  A  T  F  Z  I
R  N  V  L  E  T  P  H  E  N  L  I  A  A  O
R  U  E  D  D  L  E  A  S  A  D  N  R  L  S
O  H  K  I  N  O  R  R  N  R  E  E  K  E  P
Y  H  O  M  A  C  E  D  A  F  Z  Z  Q  Z  L
O  F  V  X  X  K  Z  S  H  Q  B  T  Z  J  M
```

CHRISTIAN ARROYO	MARTIN PEREZ
FRANCHY CORDERO	MARWIN GONZALEZ
GARRETT RICHARDS	NATHAN EOVALDI
GARRETT WHITLOCK	PHILLIPS VALDEZ
HANSEL ROBLES	RAFAEL DEVERS
HUNTER RENFROE	XANDER BOGAERTS
J.D. MARTINEZ	YACKSEL RIOS
KEVIN PLAWECKI	

COLORADO ROCKIES 2021 PLAYERS

```
H J I Z I N N M A I G S Y Q E
E O C J C C Y C L R E R L C L
L S N E H H R A R T C E K C E
C H Y S R I T L M O N G I C H
R U O U I C R A Y M E D A C U
I A N S S H E N F M R O S . R
S F A T O I V T H Y W R D J I
O U T I W G O R C D A N L . S
L E H N I O R E U O L A S C M
I N A O N N S J R Y N D K R O
V T N C G Z T O F L I N Z O N
A E D O S A O T I E T E A N T
R S A Q F L R W K Y S R M T E
E K Z C N E Y K W S U B M Z R
Z T A X E Z X C J X J J L U O
```

ALAN TREJO

BRENDAN RODGERS

C.J. CRON

CHI CHI GONZALEZ

CHRIS OWINGS

ELEHURIS MONTERO

HELCRIS OLIVAREZ

JESUS TINOCO

JOSHUA FUENTES

JUSTIN LAWRENCE

TOMMY DOYLE

TREVOR STORY

YONATHAN DAZA

COLORADO ROCKIES 2021 PLAYERS

```
Q  H  L  C  N  Z  A  O  Q  N  B  B  H  E  D
Y  U  U  A  O  E  S  U  I  I  R  G  T  K  B
O  A  C  R  M  U  H  S  M  C  E  A  C  R  X
T  U  A  L  K  Q  T  J  S  A  N  R  O  A  D
Y  S  S  O  C  R  O  T  X  H  D  R  N  I  N
L  T  G  S  A  A  N  R  T  C  A  E  N  M  A
E  I  I  E  L  M  G  E  T  S  N  T  O  E  L
R  N  L  S  B  N  O  V  O  Y  R  T  R  L  E
K  G  B  T  E  A  U  O  E  L  O  H  J  T  E
I  O  R  E  I  M  D  R  L  U  D  A  O  A  R
N  M  E  V  L  R  E  S  H  O  G  M  E  P  F
L  B  A  E  R  E  A  T  T  H  E  P  J  I  E
E  E  T  Z  A  G  U  O  J  J  R  S  P  A  L
Y  R  H  J  H  S  F  R  S  L  S  O  U  S  Y
I  S  V  D  C  G  M  Y  S  T  Q  N  A  K  K
```

ASHTON GOUDEAU

AUSTIN GOMBER

BRENDAN RODGERS

CARLOS ESTEVEZ

CHARLIE BLACKMON

CONNOR JOE

GARRETT HAMPSON

GERMAN MARQUEZ

JHOULYS CHACIN

KYLE FREELAND

LUCAS GILBREATH

RAIMEL TAPIA

TREVOR STORY

TYLER KINLEY

PHILADELPHIA PHILLIES 2021 PLAYERS

```
R  T  O  C  H  V  A  C  N  R  D  T  A  O  Q
S  R  D  H  Z  F  X  O  A  S  I  W  N  S  S
M  A  U  A  E  T  J  N  H  I  D  Y  D  E  R
A  V  B  S  U  D  E  N  C  A  I  J  R  Y  H
I  I  E  E  Q  Z  L  O  R  N  G  .  E  E  Y
L  S  L  A  S  A  U  R  A  K  R  T  W  R  S
L  J  H  N  A  C  F  B  M  E  E  .  M  R  H
I  A  E  D  L  K  P  R  L  N  G  R  C  O  O
W  N  R  E  E  W  B  O  E  N  O  E  C  T  S
E  K  R  R  V  H  H  G  A  E  R  A  U  D  K
K  O  E  S  E  E  L  D  F  D  I  L  T  L  I
U  W  R  O  C  E  A  O  A  Y  U  M  C  A  N
L  S  A  N  N  L  H  N  R  Q  S  U  H  N  S
I  K  P  D  I  E  N  E  J  D  E  T  E  O  Y
C  I  V  X  V  R  Y  R  T  K  T  O  N  R  B
```

ANDREW MCCUTCHEN
CHASE ANDERSON
CONNOR BROGDON
DIDI GREGORIUS
IAN KENNEDY
J.T. REALMUTO
LUKE WILLIAMS
ODUBEL HERRERA

RAFAEL MARCHAN
RHYS HOSKINS
RONALD TORREYES
TRAVIS JANKOWSKI
VINCE VELASQUEZ
ZACK WHEELER

WASHINGTON NATIONALS 2021 PLAYERS

```
N  G  N  A  P  N  C  Q  P  N  A  Y  J  I  Y
O  A  A  D  R  O  A  J  A  A  N  A  P  J  G
S  B  M  R  D  S  R  O  T  L  D  D  V  E  E
N  E  R  I  N  P  T  S  R  C  R  I  O  F  R
E  K  E  A  Z  M  E  H  I  I  E  E  C  R  A
V  L  M  N  R  O  R  B  C  D  S  L  Y  Y  R
E  O  M  S  Y  H  K  E  K  E  M  H  A  R  D
T  B  I  A  N  T  I  L  C  S  A  E  L  O  O
S  O  Z  N  E  N  E  L  O  E  C  R  C  D  P
W  S  N  C  H  O  B  P  R  S  H  N  M  R  A
E  I  A  H  A  S  O  J  B  C  A  á  A  I  R
R  T  Y  E  R  A  O  E  I  O  D  N  S  G  R
D  S  R  Z  P  M  M  T  N  B  O  D  Y  U  A
N  T  U  Q  E  R  W  X  V  A  V  E  B  E  O
A  R  Z  Y  R  B  H  J  S  R  P  Z  K  Z  U
```

ADRIAN SANCHEZ

ALCIDES ESCOBAR

ANDRES MACHADO

ANDREW STEVENSON

CARTER KIEBOOM

GABE KLOBOSITS

GERARDO PARRA

JEFRY RODRIGUEZ

JOSH BELL

MASON THOMPSON

PATRICK CORBIN

RYAN ZIMMERMAN

RYNE HARPER

SAM CLAY

YADIEL HERNáNDEZ

Puzzle #6

SAN DIEGO PADRES 2021 PLAYERS

```
J  M  O  V  D  D  G  U  Q  N  M  J  W  N  P
V  I  N  T  I  A  I  W  W  A  A  A  B  E  J
E  K  A  N  N  N  N  E  H  B  H  K  O  C  X
K  G  S  Q  E  I  I  B  C  I  S  E  L  H  N
Y  N  U  U  L  E  T  S  N  L  I  C  L  R  E
J  O  P  I  S  L  A  T  R  C  R  R  I  I  K
J  E  M  Q  O  C  R  E  E  R  G  O  T  S  E
Z  S  A  Z  N  A  A  R  M  I  T  N  S  P  A
F  A  C  D  L  M  C  R  S  S  N  E  A  A  F
A  H  S  X  A  A  R  I  O  M  E  N  C  D  X
F  S  I  P  M  R  O  V  H  A  R  W  N  D  G
B  F  U  H  E  E  T  A  C  T  T  O  A  A  C
W  C  L  H  T  N  C  S  I  T  Q  R  V  C  S
V  P  C  I  Z  A  I  J  R  N  N  T  I  K  D
C  N  R  F  B  Y  V  X  E  N  H  H  A  G  A
```

CHRIS PADDACK   LUIS CAMPUSANO
DANIEL CAMARENA   NABIL CRISMATT
DINELSON LAMET   TRENT GRISHAM
ERIC HOSMER   VICTOR CARATINI
HASEONG KIM   WEBSTER RIVAS
IVAN CASTILLO
JAKE CRONENWORTH

LOS ANGELES DODGERS 2021 PLAYERS

```
Q  S  Z  L  W  C  B  N  R  E  B  E  L  C  R
B  H  A  D  S  O  R  M  E  F  I  T  B  L  Q
G  E  C  A  T  D  U  M  D  C  L  G  P  A  Y
A  L  H  R  T  Y  S  Y  N  H  L  P  T  Y  E
V  D  M  I  E  B  D  T  A  A  Y  V  O  T  L
I  O  C  E  B  E  A  A  X  D  M  Z  N  O  A
N  N  K  N  E  L  R  E  E  W  C  P  Y  N  R
L  N  I  N  I  L  G  B  L  A  K  W  G  K  E
U  E  N  ú  K  I  R  T  A  L  I  C  O  E  K
X  U  S  ñ  O  N  A  T  T  L  N  P  N  R  U
H  S  T  E  O  G  T  A  T  A  N  V  S  S  L
Z  E  R  Z  M  E  E  M  O  C  E  E  O  H  J
Y  V  Y  V  N  R  R  F  C  H  Y  Q  L  A  L
R  H  A  X  C  Z  O  B  S  G  X  R  I  W  D
X  P  E  E  K  U  L  L  U  T  A  P  N  X  L
```

BILLY MCKINNEY   MATT BEATY

BRUSDAR GRATEROL   MOOKIE BETTS

CHAD WALLACH   SCOTT ALEXANDER

CLAYTON KERSHAW   SHELDON NEUSE

CODY BELLINGER   TONY GONSOLIN

DARIEN NúñEZ   ZACH MCKINSTRY

GAVIN LUX

LUKE RALEY

HOUSTON ASTROS 2021 PLAYERS 2

```
T  G  S  T  R  Y  S  F  B  J  L  L  G  V  A
X  G  B  X  O  E  P  O  R  T  I  E  D  U  L
B  H  B  Z  B  L  E  R  A  S  B  I  L  E  E
F  S  U  C  E  T  T  R  N  S  O  R  A  N  X
L  A  T  A  L  N  E  E  D  Z  R  R  Z  O  B
L  N  S  R  G  A  R  S  O  J  T  U  R  L  R
P  D  T  L  A  R  S  T  N  B  S  G  A  I  E
Q  R  T  O  R  B  O  W  B  M  A  I  G  P  G
A  E  E  S  C  L  L  H  I  L  C  L  H  A  M
V  S  R  C  I  E  O  I  E  L  N  U  P  R  A
G  C  R  O  A  A  M  T  L  L  O  Y  L  E  N
A  R  A  R  J  H  O  L  A  L  S  Y  A  D  F
V  U  G  R  R  C  N  E  K  V  A  K  R  E  Y
I  B  T  E  Z  I  S  Y  N  Q  J  B  P  S  N
Z  B  B  A  R  M  W  Y  X  R  S  Q  H  E  E
```

ALEX BREGMAN	JASON CASTRO
ANDRE SCRUBB	MICHAEL BRANTLEY
BRANDON BIELAK	PETER SOLOMON
CARLOS CORREA	RALPH GARZA
ENOLI PAREDES	ROBEL GARCIA
FORREST WHITLEY	YULI GURRIEL
GARRETT STUBBS	

Puzzle #9

PITTSBURG PIRATES 2021 PLAYERS

```
F P J F F H B N J J W L B I P
K O A E E J K S H X I W F I H
E W C I N H W H O E L P Q E I
B W O N D I U X Y M M T M Z L
R Y B K A J Q H P D E S I S L
Y U S E R L V X A F R M T A I
A B T V X U O W R O D P C M P
N O A I V T E P K M I S H H E
H W L N Q L B F Y P F Q K O V
A C L N F Z G N N R O D E W A
Y G I E B Q R J N B O X L A N
E I N W Y V Q N E I C G L R S
S Q G M Q I V S R R Q M E D L
A X S A X O R C V X G B R R A
J B T N I C K M E A R S O O G
```

GREGORY POLANCO
HOY PARK
JACOB STALLINGS
KEBRYAN HAYES
KEVIN NEWMAN
MITCH KELLER
NICK MEARS
PHILLIP EVANS

SAM HOWARD
WILMER DIFO

BASEBALL GREATS

```
K  H  A  N  K  G  R  E  E  N  B  E  R  G  X
D  V  O  Q  M  I  K  E  S  C  H  M  I  D  T
J  H  T  O  M  S  E  A  V  E  R  H  D  H  G
S  Q  D  E  L  E  F  T  Y  G  R  O  V  E  E
N  H  M  A  N  A  P  L  A  J  O  I  E  A  O
I  L  Y  V  X  D  I  B  V  P  B  Z  M  I  R
L  N  Z  J  O  E  J  A  C  K  S  O  N  H  G
L  O  O  W  V  X  U  C  Z  U  E  I  K  R  E
O  S  T  E  V  E  C  A  R  L  T  O  N  R  S
C  B  N  V  A  O  D  A  G  A  L  X  V  T  I
E  I  R  T  R  I  S  S  P  E  A  K  E  R  S
I  G  D  Q  K  T  O  P  A  K  G  C  G  D  L
D  B  P  J  I  K  R  X  F  C  Y  Z  V  H  E
D  O  Y  O  G  I  B  E  R  R  A  U  E  O  R
E  B  N  G  K  I  R  W  L  Z  I  D  X  Z  G
```

BOB GIBSON   NAP LAJOIE
EDDIE COLLINS   STEVE CARLTON
GEORGE SISLER   TOM SEAVER
HANK GREENBERG   TRIS SPEAKER
JOE JACKSON   YOGI BERRA
LEFTY GROVE
MIKE SCHMIDT

BALTIMORE ORIOLES 2021 PLAYERS

```
L  A  T  N  C  S  R  U  S  P  C  I  A  Y  A
A  X  Y  N  E  N  Y  J  H  E  E  F  L  N  S
D  M  P  A  S  I  A  O  A  D  D  Q  E  H  C
A  A  I  M  A  K  N  H  U  R  R  H  X  R  O
M  T  T  R  R  T  M  N  N  O  I  C  A  Y  L
P  T  R  E  V  A  O  M  A  S  C  B  N  A  E
L  H  E  M  A  W  U  E  N  E  M  S  D  N  S
U  A  Y  M  L  R  N  A  D  V  U  E  E  M  U
T  R  M  I  D  E  T  N  E  E  L  E  R  C  L
K  V  A  Z  E  S  C  S  R  R  L  A  W  K  S
O  E  N  E  Z  N  A  K  S  I  I  U  E  E  E
Y  Y  C  C  G  E  S  B  O  N  N  W  L  N  R
C  B  I  U  O  P  T  R  N  O  S  O  L  N  M
P  M  N  R  M  S  L  U  B  V  V  T  S  A  N
V  Y  I  B  R  S  E  W  J  V  V  Q  R  D  X
```

ADAM PLUTKO	PEDRO SEVERINO
ALEXANDER WELLS	RYAN MCKENNA
BRUCE ZIMMERMANN	RYAN MOUNTCASTLE
CEDRIC MULLINS	SHAUN ANDERSON
CESAR VALDEZ	SPENSER WATKINS
COLE SULSER	TREY MANCINI
JOHN MEANS	
MATT HARVEY	

WASHINGTON NATIONALS 2021 PLAYERS

```
R  P  J  V  D  B  X  Y  Z  C  M  I  T  G  J
R  Y  Q  A  W  B  H  D  E  A  K  M  S  E  O
O  F  L  L  U  Q  Z  R  D  R  A  R  Z  R  S
O  Z  M  C  L  A  A  K  N  T  N  J  G  A  I
R  I  N  I  A  O  T  Y  á  E  U  A  T  R  A
E  U  C  D  N  Z  R  L  N  R  T  K  M  D  H
C  R  D  E  E  W  E  E  R  K  N  S  R  O  G
R  T  C  S  T  O  S  M  E  I  A  O  C  C  R
E  R  O  E  H  W  B  C  H  E  L  N  T  A  A
M  E  I  S  O  L  A  G  L  B  E  R  O  R  Y
Y  B  S  C  M  J  R  O  E  O  S  E  F  R  Z
D  I  H  O  A  F  R  W  I  O  A  E  W  I  P
R  E  K  B  S  W  E  I  D  M  Y  T  X  L  T
O  K  V  A  C  U  R  N  A  Q  B  Z  L  L  V
J  E  X  R  W  J  A  M  Y  F  U  N  A  O  A
```

ALCIDES ESCOBAR   KYLE MCGOWIN

CARTER KIEBOOM   LANE THOMAS

GERARDO CARRILLO   TRES BARRERA

JAKSON REETZ   YADIEL HERNáNDEZ

JORDY MERCER   YASEL ANTUNA

JOSIAH GRAY

KEIBERT RUIZ

KANSAS CITY ROYALS 2021 PLAYERS

```
C B A N Q N H D M O R R O D R
A H U W O U A L I I E H R Q U
R N R P N A N E C D I S E V H
E I Y D N Y S I H J Z P V G A
V C A T O A E F A A O M I H K
I K N O S A R I E K D A R C Y
R Y M Z Y N A R L O R Y N C L
L L C G D G L R A B E A A X E
E O B W D E B E . J T P I K I
U P R P O L E M T U N L T H S
N E O X R Z R T A N U E S O B
A Z O W R E T I Y I H O A N E
M Y M G A R O H L S K J B K L
M F Q X J P J W O Q M A E Q T
E D P Z K A Q K R N V B S W A
```

ANGEL ZERPA   JOEL PAYAMPS   WHIT MERRIFIELD

EMMANUEL RIVERA   KYLE ISBEL

HANSER ALBERTO   MICHAEL A. TAYLOR

HUNTER DOZIER   NICKY LOPEZ

JAKOB JUNIS   RYAN MCBROOM

JARROD DYSON   SEBASTIAN RIVERO

MARLINS 2021 PLAYERS 2

```
G Y M F A E V U W H G G P E S
L B A O R I I H H R P F A C W
W I R W N O Z I E G L N B L C
X T Y A O T N Q Q L H J L Y O
N R E W X L E A C Q D C O K D
A E A V N T L H S X O B L V Y
M D Q A M O O O A I E V O Z P
Z I K F O E E N H R Q D P V O
U E I N W O R L G N R F E T T
G N O F W M X Y Y A A I Z Y E
E K P D O V S E V D R D S V E
G C C Z W S K X O L N R R O T
R I J V W V P S D A O A E O N
O N H N N A D G I D G Y S T J
J I T R E B N O J H D I H S T
```

BRAXTON GARRETT   PABLO LOPEZ
CODY POTEET   SANDY LEON
JON BERTI
JORDAN HOLLOWAY
JORGE GUZMAN
MONTE HARRISON
NICK NEIDERT

MARLINS 2021 PLAYERS

```
Y  B  S  B  B  M  J  R  Z  H  R  E  D  C  H
S  R  A  K  R  A  W  E  A  O  I  W  Z  B  A
T  Y  N  I  I  G  L  D  C  X  C  R  A  A  U
P  A  D  R  A  N  E  N  H  T  H  O  I  J  S
N  N  Y  O  N  E  W  E  T  F  A  S  D  A  T
O  D  A  R  A  U  I  B  H  Z  R  S  N  Z  I
E  E  L  O  N  R  S  Y  O  J  D  D  A  Z  N
L  L  C  L  D  I  B  N  M  O  B  E  S  C  P
Y  A  A  F  E  S  R  O  P  E  L  T  I  H  R
D  C  N  N  R  S  I  H  S  P  E  W  U  I  U
N  R  T  A  S  I  N  T  O  A  I  I  P  S  I
A  U  A  L  O  E  S  N  N  N  E  L  C  H  T
S  Z  R  Y  N  R  O  A  E  I  R  E  G  O  T
S  B  A  D  Y  R  N  B  X  K  V  R  G  L  U
J  T  I  M  S  A  I  B  Y  T  X  O  L  M  P
```

ANTHONY BENDER

AUSTIN PRUITT

BRIAN ANDERSON

BRYAN DE LA CRUZ

DYLAN FLORO

ISAN DIAZ

JAZZ CHISHOLM

JOE PANIK

LEWIS BRINSON

MAGNEURIS SIERRA

RICHARD BLEIER

ROSS DETWILER

SANDY ALCANTARA

SANDY LEON

ZACH THOMPSON

Puzzle #16

MLB TEAMS

```
S Z R A Y S U B R A V E S B M
A S P H I L L I E S O R T S A
R R E D S O X S J Z C U I M V
Q E W U B P E Y G Z H U C N D
W G W F P L S I A B W A B I S
Y I T R O X N L R N R S A S E
E T V I O D V E A D K M I W T
N D R Q I C W B I N O E H D A
R O O A A E K N M N O I E I R
E M N D R W A I D A T I Y S I
D S E S G L A B E E R P T S P
S A D T S E A T S S G L P A K
V B S O S C R O Y A L S I K N
Y E C U K M X S P E D T N N O
Q B L S B L U E J A Y S O E S
```

ASTROS
BLUE JAYS
BRAVES
BREWERS
CARDINALS
CUBS
DIAMONDBACKS
DODGERS

INDIANS
MARLINS
METS
NATIONALS
ORIOLES
PHILLIES
PIRATES
RAYS

RED SOX
REDS
ROCKIES
ROYALS
TIGERS
WHITE SOX
YANKEES

16

CINCINNATI REDS 2021 PLAYERS

```
T U J U Q J E T N S S A E J R
S J O V Q N U Y E H E R T F L
O F N N O I G L Z O A I U O U
L H A I J U E E N G N S C P I
L E T I U Q N R E O D T K C S
I A H A S A I S R A O I E D C
T T A U T N O T O K O D R L E
S H N T I R S E L I L E B F S
A H I Z N E U P L Y I S A M S
C E N W W L A H E A T A R B A
S M D Q I Y R E A M T Q N F Z
I B I Z L T E N H A L U H D U
U R A Z S Z Z S C F E I A O X
L E W L O T J O I U B N R O Y
X E A M N U I N M J Y O T C A
```

ARISTIDES AQUINO
EUGENIO SUAREZ
HEATH HEMBREE
JONATHAN INDIA
JUSTIN WILSON
LUIS CASTILLO
LUIS CESSA
MICHAEL LORENZEN

SEAN DOOLITTLE
SHOGO AKIYAMA
TUCKER BARNHART
TYLER NAQUIN
TYLER STEPHENSON

CHICAGO WHITE SOX 2021 PLAYERS

```
D  M  C  R  B  B  Y  N  O  Z  O  Z  Y  U  G
R  A  N  B  I  R  E  Q  O  I  U  Y  O  Z  Y
O  T  O  P  L  I  R  C  Z  R  M  S  M  A  A
F  T  S  M  L  A  M  J  A  L  D  O  I  C  S
R  F  R  N  Y  N  I  A  C  I  A  F  C  K  M
E  O  E  G  H  G  N  K  K  K  N  D  K  C  A
H  S  D  C  A  O  M  E  B  X  N  P  E  O  N
T  T  N  R  M  O  E  L  U  C  Y  S  R  L  I
U  E  A  R  I  D  R  A  R  U  M  K  A  L  G
R  R  M  U  L  W  C  M  D  J  E  T  D  I  R
E  L  I  B  T  I  E  B  I  Q  N  I  O  N  A
K  Z  T  N  O  N  D  M  T  S  D  L  L  S  N
A  Y  I  A  N  C  E  M  W  S  I  I  F  M  D
L  G  Q  Y  C  F  S  T  P  D  C  H  O  A  A
B  T  H  R  Z  T  L  Y  U  K  K  U  O  N  L
```

BILLY HAMILTON	RYAN BURR
BLAKE RUTHERFORD	TIM ANDERSON
BRIAN GOODWIN	YASMANI GRANDAL
DANNY MENDICK	YERMIN MERCEDES
JAKE LAMB	ZACK BURDI
MATT FOSTER	ZACK COLLINS
MICKER ADOLFO	

TORONTO BLUE JAYS 2021 PLAYERS

```
B  E  T  S  P  Y  N  R  T  A  G  D  D  E  I
F  L  A  A  A  C  N  A  R  N  A  A  E  P  J
J  V  Y  N  T  A  O  N  E  T  B  O  X  R  M
O  I  L  T  R  N  S  D  N  H  R  I  A  X  G
S  S  E  I  I  T  R  A  T  O  I  G  M  A  B
H  L  R  A  C  H  E  L  T  N  E  G  I  D  E
P  U  S  G  K  O  K  G  H  Y  L  I  A  A  L
A  C  A  O  M  N  C  R  O  C  M  B  C  E  R
L  I  U  E  U  Y  I  I  R  A  O  N  E  N  S
A  A  C  S  R  K  D  C  N  S  R  A  X  S  A
C  N  E  P  P  A  Y  H  T  T  E  V  G  Y  W
I  O  D  I  H  Y  E  U  O  R  N  A  E  B  G
O  P  O  N  Y  K  R  K  N  O  O  C  M  R  O
S  A  E  A  O  D  O  R  Y  C  C  B  C  I  J
Q  I  U  L  I  C  C  L  L  W  R  M  I  K  Y
```

ANTHONY CASTRO

ANTHONY KAY

CAVAN BIGGIO

COREY DICKERSON

ELVIS LUCIANO

GABRIEL MORENO

JOSH PALACIOS

KIRBY SNEAD

PATRICK MURPHY

RANDAL GRICHUK

SANTIAGO ESPINAL

TAYLER SAUCEDO

TRENT THORNTON

BALTIMORE ORIOLES 2021 PLAYERS

```
R  M  U  I  B  Z  M  N  O  R  W  E  D  A  D
Y  A  N  V  D  E  C  N  V  Y  V  L  Y  U  T
U  I  E  R  X  R  G  A  A  A  T  T  E  S  R
S  K  J  B  W  R  M  D  N  N  S  V  T  E
N  E  A  B  I  E  Y  R  O  H  Z  A  R  I  Y
I  L  H  C  O  I  R  E  M  A  A  C  A  N  M
E  F  M  V  I  T  E  M  I  R  C  T  H  W  A
L  R  A  X  Q  U  M  M  N  T  L  N  R  Y  N
D  A  I  N  O  G  E  I  G  M  O  U  E  N  C
í  N  J  T  B  N  R  Z  O  A  W  O  T  N  I
A  C  O  L  Z  I  K  E  L  N  T  M  N  S  N
Z  O  N  F  F  V  N  C  E  I  H  N  U  O  I
N  C  E  S  S  L  A  U  Y  K  E  A  H  X  G
S  T  S  D  R  E  E  R  B  W  R  Y  S  K  H
P  P  J  M  D  K  D  B  A  I  H  R  G  N  O
```

AUSTIN WYNNS   MAIKEL FRANCO

BRUCE ZIMMERMANN   RYAN HARTMAN

DEAN KREMER   RYAN MOUNTCASTLE

DOMINGO LEYBA   TREY MANCINI

HUNTER HARVEY   YUSNIEL DíAZ

JAHMAI JONES   ZAC LOWTHER

KELVIN GUTIERREZ

CHICAGO CUBS 2021 PLAYERS 2

```
M  K  E  E  G  A  N  T  H  O  M  P  S  O  N
F  B  T  G  I  H  F  E  S  S  N  O  A  R  I
N  R  N  K  E  G  L  C  A  I  J  W  G  L  C
V  A  I  W  T  M  Q  N  I  Y  U  M  R  O  K
A  I  C  G  O  I  T  A  T  Z  S  A  A  P  M
U  L  O  W  B  G  M  N  P  G  T  T  F  C  A
C  Y  H  H  D  U  L  Y  S  O  I  T  Y  O  D
I  N  O  P  I  E  J  M  P  V  N  D  W  R  R
I  M  E  Y  V  L  Q  M  N  L  S  U  H  Y  I
A  A  R  F  A  A  I  O  X  R  T  F  S  A  G
N  R  N  L  D  M  T  T  X  A  E  F  E  B  A
H  Q  E  B  Y  A  E  Y  E  Q  E  Y  N  B  L
A  U  R  A  U  Y  P  O  P  R  L  Q  H  O  U
P  E  B  R  M  A  D  M  R  P  E  W  O  T  X
P  Z  O  Z  F  Z  Z  K  M  R  Q  T  J  T  X
```

BRAILYN MARQUEZ   JUSTIN STEELE   NICO HOERNER
CORY ABBOTT   KEEGAN THOMPSON   TOMMY NANCE
DAVID BOTE   MATT DUFFY
IAN HAPP   MIGUEL AMAYA
JOHNESHWY FARGAS   NICK MADRIGAL

BASEBALL SLANG

```
L  C  E  R  V  O  G  R  Z  C  K  Y  B  N  C
C  A  P  E  C  T  N  E  B  L  U  Y  A  P  J
I  U  F  D  A  B  I  T  B  E  Z  B  S  O  B
R  G  B  I  T  A  K  T  R  A  Q  A  K  E  R
C  H  K  L  B  T  O  I  O  N  L  B  E  W  U
U  T  S  S  I  T  O  H  N  U  Z  S  T  P  S
S  N  M  R  R  E  L  L  X  P  D  U  C  U  H
C  A  B  O  D  R  T  L  C  H  B  N  A  E  B
A  P  R  O  S  Y  H  A  H  I  Y  O  T  K  A
T  P  P  D  E  Z  G  B  E  T  A  B  C  O  C
C  I  M  K  A  P  U  D  E  T  H  L  H  H  K
H  N  R  C  T  X  A  A  R  E  W  H  L  C  X
S  G  N  A  D  B  C  B  L  R  D  G  A  E  E
P  U  Z  B  B  A  N  D  B  O  X  K  B  Y  Y
R  S  X  Y  A  L  P  G  N  A  B  G  N  A  B
```

ALLEY	BRONX CHEER
BACKDOOR SLIDER	BRUSHBACK
BADBALL HITTER	CATBIRD SEAT
BANDBOX	CAUGHT LOOKING
BANGBANG PLAY	CAUGHT NAPPING
BASKET CATCH	CHOKE UP
BATTERY	CIRCUS CATCH
BONUS BABY	CLEANUP HITTER

BOSTON RED SOX 2021 PLAYERS 2

```
H  P  T  D  K  K  S  P  M  O  M  M  C  F  A
D  L  Z  L  Y  W  T  X  W  J  A  U  H  R  E
A  K  D  O  L  B  R  Q  H  E  R  D  R  A  W
N  C  O  B  E  J  E  U  U  I  W  O  I  N  J
N  U  H  A  S  .  A  T  D  S  I  Y  S  C  O
Y  O  B  E  C  D  G  B  S  S  N  K  T  H  E
S  H  B  S  H  .  O  B  O  O  G  L  I  Y  S
A  R  X  R  W  M  B  D  N  N  O  G  A  C  H
N  E  A  O  A  A  R  E  P  R  N  Z  N  O  Z
T  N  W  N  R  R  E  C  O  O  Z  K  A  R  P
A  N  M  N  B  T  D  A  T  S  A  K  R  D  J
N  A  Z  O  E  I  N  Y  T  A  L  P  R  E  Z
A  T  E  C  R  N  A  Z  S  R  E  X  O  R  V
H  I  I  O  O  E  X  V  P  I  Z  K  Y  O  H
C  R  R  C  N  Z  S  K  V  O  E  G  O  Y  W
```

CHRISTIAN ARROYO   JEISSON ROSARIO
CONNOR SEABOLD   KYLE SCHWARBER
DANNY SANTANA   MARWIN GONZALEZ
FRANCHY CORDERO   TANNER HOUCK
HUDSON POTTS   XANDER BOGAERTS
J.D. MARTINEZ

LOS ANGELES DODGERS 2021 PLAYERS

```
N  R  E  L  H  E  U  B  R  E  K  L  A  W  E
L  R  O  D  W  V  K  J  A  V  C  B  A  T  T
Y  E  N  A  C  M  N  I  U  I  O  T  I  S  C
E  D  S  V  K  A  E  M  S  C  R  L  Y  N  P
F  N  L  I  S  E  S  M  T  T  E  C  L  E  H
R  A  K  D  T  K  N  Y  I  O  Y  H  L  N  I
Y  X  V  P  T  A  A  N  N  R  S  R  E  I  L
R  E  Y  R  E  J  J  E  B  G  E  I  K  E  B
A  L  U  I  B  P  Y  L  A  O  A  S  E  R  I
M  A  C  C  E  O  E  S  R  N  G  T  O  T  C
I  T  V  E  I  L  L  O  N  Z  E  A  J  E  K
R  T  P  S  K  L  N  N  E  A  R  Y  V  K  F
E  O  H  F  O  O  E  R  S  L  L  L  Q  A  O
Z  C  X  V  O  C  K  E  D  E  B  O  Z  L  R
B  S  D  U  M  K  D  Y  E  Z  B  R  I  B  D
```

AJ POLLOCK

AUSTIN BARNES

BLAKE TREINEN

CHRIS TAYLOR

COREY SEAGER

DAVID PRICE

JIMMY NELSON

JOE KELLY

KENLEY JANSEN

MOOKIE BETTS

PHIL BICKFORD

SCOTT ALEXANDER

VICTOR GONZALEZ

WALKER BUEHLER

YEFRY RAMIREZ

SEATTLE MARINERS 2021 PLAYERS

```
J  F  V  X  N  U  A  J  C  E  A  Y  T  T  R
J  J  K  R  A  N  U  U  I  L  A  O  X  E  T
X  U  C  Y  H  E  B  S  N  M  R  H  R  L  A
C  S  O  O  G  C  G  T  E  R  O  A  G  S  Y
H  T  U  D  U  N  R  U  L  E  N  N  N  A  L
I  I  A  O  A  A  E  S  E  G  F  R  O  Z  O
Z  N  R  G  C  R  B  S  K  I  L  A  L  D  R
P  D  A  E  C  F  R  H  D  N  E  M  D  L  T
N  U  D  S  M  Y  E  E  E  A  T  I  E  I  R
M  N  Q  O  N  T  G  F  R  H  C  R  H  B  A
Z  N  R  J  E  Y  Y  F  R  H  H  E  S  I  M
B  E  O  Z  R  J  E  I  A  C  E  Z  X  R  M
W  G  Z  S  R  S  O  E  J  T  R  R  M  Q  E
S  K  B  I  A  B  J  L  Y  I  A  M  A  P  L
E  L  Q  Z  D  X  F  D  X  M  Y  G  P  T  L
```

AARON FLETCHER   MITCH HANIGER
DARREN MCCAUGHAN   SHED LONG
JARRED KELENIC   TAYLOR TRAMMELL
JOEY GERBER   TY FRANCE
JOSE GODOY   YOHAN RAMIREZ
JUSTIN DUNN
JUSTUS SHEFFIELD

NEW YORK METS 2021 PLAYERS

```
R  A  I  G  M  A  L  C  A  X  T  H  J  M  S
I  I  L  R  A  M  U  A  Q  B  A  O  O  I  G
N  L  F  J  R  X  I  R  C  R  I  E  N  C  M
Q  I  R  A  C  Q  S  L  J  A  J  L  A  H  G
U  M  A  M  U  P  G  O  B  N  U  E  T  A  V
K  A  L  E  S  E  U  S  T  D  A  D  H  E  L
U  F  L  S  S  T  I  C  R  O  N  W  A  L  L
H  S  I  M  T  E  L  A  E  N  W  I  N  C  L
B  Y  P  C  R  A  L  R  V  N  A  N  V  O  I
Y  R  N  C  O  L  O  R  O  I  L  D  I  N  H
R  U  I  A  M  O  R  A  R  M  K  I  L  F  H
M  E  V  N  A  N  M  S  M  M  E  A  L  O  C
O  J  E  N  N  S  E  C  A  O  R  Z  A  R  I
F  U  K  I  Y  O  B  O  Y  R  J  A  R  T  R
Y  K  S  M  C  S  S  E  T  H  L  U  G  O  S
```

BRANDON NIMMO	MARCUS STROMAN
CARLOS CARRASCO	MICHAEL CONFORTO
EDWIN DIAZ	PETE ALONSO
JAMES MCCANN	RICH HILL
JEURYS FAMILIA	SETH LUGO
JONATHAN VILLAR	TAIJUAN WALKER
KEVIN PILLAR	TREVOR MAY
LUIS GUILLORME	

MINNESOTA TWINS 2021 PLAYERS

```
X  D  T  D  V  E  C  A  F  J  C  L  F  C  Z
P  A  L  R  R  N  O  D  R  O  G  K  C  I  N
M  N  U  E  E  M  G  B  Y  S  C  K  X  U  B
I  N  K  B  A  V  E  B  V  H  L  S  A  M  A
T  Y  E  E  P  Z  O  S  V  D  E  F  M  X  I
C  C  F  A  F  E  S  R  B  O  R  V  N  F  L
H  O  A  U  O  A  M  E  L  N  B  M  O  B  E
G  U  R  B  N  R  J  F  F  A  G  V  H  J  Y
A  L  R  U  M  R  H  F  I  L  R  N  O  Y  O
R  O  E  R  C  A  P  E  G  D  O  N  M  L  B
V  M  L  R  F  S  R  J  B  S  J  I  A  S  E
E  B  L  O  N  I  F  N  A  O  L  S  E  C  R
R  E  T  W  Z  U  A  A  K  N  N  A  P  S  H
J  N  Z  S  L  L  Y  Y  E  T  Z  U  L  G  L
S  L  W  A  L  K  E  R  E  D  J  F  B  B  U
```

BAILEY OBER   NICK GORDON

BEAU BURROWS   RYAN JEFFERS

DANNY COULOMBE   TREVOR LARNACH

DEREK LAW

JOSH DONALDSON

LUIS ARRAEZ

LUKE FARRELL

MITCH GARVER

PITTSBURG PIRATES 2021 PLAYERS

```
K U Q D B I O W M B B T R Z Z
W O X H R I N H I F X R O D L
I C G G Y G A C C T B A A I M
K N S J A S C Y H C G P N L I
S A C A N A R M A O Z P S L G
W L O R R M A R E J U U Y O U
O O L E E H M E L E R Y C N E
G P I D Y O A K C L C F O P L
O Y N O N W T C H E L H N E Y
N R M L O A I U A S I O T T A
N O O I L R P T V A E Y R E J
H G R V D D U E I T N P E R U
O E A A S F C L S G O A R S R
J R N C T H U O X S P R A V E
D G L I A B T C U Z V K S V F
```

BRYAN REYNOLDS	JOHN NOGOWSKI
COLE TUCKER	MICHAEL CHAVIS
COLIN MORAN	MIGUEL YAJURE
DILLON PETERS	ONEIL CRUZ
GREGORY POLANCO	ROANSY CONTRERAS
HOY PARK	SAM HOWARD
JARED OLIVA	TUCUPITA MARCANO

BASEBALL GREATS

```
T  R  U  B  H  R  L  W  W  Z  I  Z  S  A  G
R  I  O  M  C  O  O  Y  A  E  H  U  Y  W  R
D  H  O  G  N  B  L  A  L  E  F  V  A  T  O
J  O  U  N  E  E  K  Y  T  Y  S  R  M  V  V
O  N  Z  O  B  R  I  G  E  A  M  R  E  Y  E
E  U  Z  R  Y  T  S  J  R  C  L  K  I  S  R
D  S  I  A  N  O  G  H  J  J  S  W  L  B  A
I  W  B  A  N  C  H  Y  O  N  W  V  L  D  L
M  A  P  K  H  L  T  M  H  R  L  W  I  K  E
A  G  Z  N  O  E  Y  U  N  X  N  T  W  D  X
G  N  P  A  J  M  C  W  S  E  K  S  R  Z  A
G  E  N  H  Y  E  O  H  O  K  Q  H  B  B  N
I  R  D  K  Y  N  B  B  N  A  Z  Y  M  Y  D
O  T  G  O  M  T  B  D  P  T  H  J  F  G  E
U  X  D  X  P  E  Q  C  Y  Y  O  U  N  G  R
```

CY YOUNG
GROVER ALEXANDER
HANK AARON
HONUS WAGNER
JOE DIMAGGIO
JOHNNY BENCH
ROBERTO CLEMENTE

ROGERS HORNSBY
TY COBB
WALTER JOHNSON
WILLIE MAYS

Puzzle #30

MINNESOTA TWINS 2021 PLAYERS 2

```
U J N L S F Q V A Q Y D Q Y T
V O O E Z F Z D B R R B L L A
B R S J W O A V F O T C Q Z Y
E D D L E L D K U B T B E L L
F A L Y D L R K A R D Y B L O
N N A S G I E A B E O T Y E R
O B N P A R W S D F J O R R R
D A O E R I S Z F S A U O R O
R L D J G K T X V N K F N A G
O A H O A X R Q P Y E Q B F E
G Z S U R E O N T D C F U E R
K O O C C L T C R E A E X K S
C V J W I A M P G R V N T U N
I I L D A V A H Q P E G O L W
N C C Z V N N R W W Q L N F V
```

ALEX KIRILLOFF   JOSH DONALDSON
BYRON BUXTON   LUKE FARRELL
DREW STROTMAN   NICK GORDON
EDGAR GARCIA   ROB REFSNYDER
JAKE CAVE   TAYLOR ROGERS
JORDAN BALAZOVIC

30

BASEBALL GREATS

```
B  H  R  R  W  J  W  R  T  Y  C  D  X  Y  A
Q  A  I  E  A  A  I  O  G  J  A  R  Z  E  J
U  R  C  G  L  C  L  Y  E  X  R  A  O  K  B
R  R  K  G  S  K  L  C  O  V  L  N  K  C  L
O  Y  E  I  I  I  I  A  R  J  H  O  W  I  O
G  H  Y  E  M  E  E  M  G  O  U  E  X  D  F
E  E  H  J  M  R  M  P  E  E  B  L  D  L  U
R  I  E  A  O  O  C  A  B  M  B  K  F  L  C
C  L  N  C  N  B  C  N  R  O  E  C  G  I  B
L  M  D  K  S  I  O  E  E  R  L  U  A  B  I
E  A  E  S  Y  N  V  L  T  G  L  B  H  U  P
M  N  R  O  A  S  E  L  T  A  W  J  J  Q  W
E  N  S  N  Y  O  Y  A  B  N  I  F  A  E  U
N  W  O  B  J  N  U  P  L  I  R  C  Q  B  W
S  H  N  R  V  Z  N  A  Y  R  N  A  L  O  N
```

AL SIMMONS	JOE MORGAN
BILL DICKEY	NOLAN RYAN
BUCK LEONARD	REGGIE JACKSON
CARL HUBBELL	RICKEY HENDERSON
GEORGE BRETT	ROGER CLEMENS
HARRY HEILMANN	ROY CAMPANELLA
JACKIE ROBINSON	WILLIE MCCOVEY

SEATTLE MARINERS 2021 PLAYERS

```
K  O  D  Z  M  C  W  J  K  T  T  N  N  X  D
M  U  I  E  A  I  P  U  E  Y  T  N  V  M  S
C  C  E  R  R  N  A  S  Y  L  Q  U  L  H  N
A  H  G  I  C  E  U  T  N  E  W  D  R  I  E
S  R  O  K  O  L  L  U  A  R  Y  N  E  H  R
E  I  C  S  G  E  S  S  N  A  A  I  G  C  R
Y  S  A  W  O  K  E  S  M  N  T  T  I  U  O
S  F  S  A  N  D  W  H  I  D  T  S  N  K  T
A  L  T  N  Z  E  A  E  D  E  M  U  A  I  S
D  E  I  S  A  R  L  F  D  R  I  J  H  K  I
L  X  L  O  L  R  D  F  L  S  L  E  H  I  U
E  E  L  N  E  A  G  I  E  O  L  F  C  E  L
R  N  O  G  S  J  B  E  T  N  S  M  T  S  Y
G  Y  M  C  E  V  E  L  O  B  O  Z  I  U  Z
F  G  X  Y  G  A  V  D  N  X  I  F  M  Y  P
```

CASEY SADLER   LUIS TORRENS
CHRIS FLEXEN   MARCO GONZALES
DIEGO CASTILLO   MITCH HANIGER
ERIK SWANSON   PAUL SEWALD
JARRED KELENIC   TYLER ANDERSON
JUSTIN DUNN   WYATT MILLS
JUSTUS SHEFFIELD   YUSEI KIKUCHI
KEYNAN MIDDLETON

BASEBALL SLANG

```
J  S  O  P  P  O  S  I  T  E  F  I  E  L  D
F  E  P  W  R  B  H  R  H  U  B  A  R  B  A
L  N  E  I  P  Q  O  R  J  U  J  R  O  K  W
G  I  A  A  A  D  E  S  J  U  H  Y  N  B  R
W  O  V  L  Y  H  S  N  G  M  U  O  V  E  U
L  R  T  L  O  J  T  O  U  T  C  G  U  J  V
L  C  W  A  F  P  R  W  E  K  K  G  E  P  S
A  I  I  B  F  I  I  M  C  Z  A  Z  O  U  O
B  R  N  L  P  C  N  A  O  E  R  O  K  N  U
T  C  B  L  I  K  G  N  L  A  U  N  W  C  T
A  U  I  A  T  L  C  S  R  W  N  N  P  H  H
E  I  L  M  C  E  A  E  L  V  D  K  P  O  P
M  T  L  S  H  X  T  X  Z  T  O  N  M  U  A
J  Z  Q  X  E  A  C  Q  Z  F  W  B  C  T  W
U  E  D  T  T  L  H  S  W  W  N  W  D  A  V
```

KNOCK	RUNDOWN	TWINBILL
MEATBALL	SENIOR CIRCUIT	
OPPOSITE FIELD	SHOESTRING CATCH	
PAYOFF PITCH	SMALL BALL	
PEA	SNOWMAN	
PICKLE	SOUTHPAW	
PUNCHOUT	TATER	
RHUBARB	TEXAS LEAGUER	

CHICAGO WHITE SOX 2021 PLAYERS

```
O  D  L  H  R  G  N  L  S  P  Q  U  C  O  F
L  A  I  C  E  A  Z  U  T  Q  M  B  E  C  L
C  L  A  E  Y  R  N  C  E  O  G  R  S  N  A
E  L  M  P  N  R  O  A  E  Q  W  I  A  A  D
L  A  H  O  A  E  S  S  H  M  L  A  R  I  N
A  S  E  K  L  T  R  G  S  W  O  N  H  C  A
N  K  N  L  D  T  E  I  N  B  O  G  E  R  R
C  E  D  E  O  C  D  O  I  R  E  O  R  A  G
E  U  R  A  L  R  N  L  V  N  W  O  N  G  I
L  C  I  H  O  O  A  I  A  B  D  D  A  Y  N
Y  H  K  C  P  C  M  T  G  M  S  W  N  R  A
N  E  S  I  E  H  I  O  I  Z  P  I  D  U  M
N  L  E  M  Z  E  T  A  L  R  B  N  E  E  S
V  U  B  N  P  T  Q  T  W  K  Z  H  Z  L  A
S  C  R  A  I  G  K  I  M  B  R  E  L  O  Y
```

BRIAN GOODWIN
CESAR HERNANDEZ
CRAIG KIMBREL
DALLAS KEUCHEL
GARRETT CROCHET
GAVIN SHEETS
LANCE LYNN
LEURY GARCIA

LIAM HENDRIKS
LUCAS GIOLITO
MICHAEL KOPECH
REYNALDO LOPEZ
TIM ANDERSON
YASMANI GRANDAL

Puzzle #35

ARIZONA DIAMONDBACKS 2021 PLAYERS

```
Z  M  D  O  T  P  K  R  A  S  J  W  G  W  A
D  S  R  H  A  L  L  A  S  C  .  P  D  S  Y
S  T  A  S  Y  J  B  L  D  A  B  W  H  U  G
G  E  P  R  L  O  R  I  R  R  .  M  M  X  Y
R  F  P  A  O  S  T  U  U  S  B  E  B  J  L
L  A  I  V  R  H  L  G  B  O  U  R  R  O  P
X  N  L  N  W  V  J  A  A  N  K  R  E  S  I
T  C  C  O  I  A  G  L  L  K  A  I  T  H  T
L  R  R  T  D  N  A  E  C  E  U  L  T  R  N
W  I  E  L  E  M  X  U  A  L  S  L  D  E  A
N  C  L  U  N  E  Z  G  B  L  K  K  E  D  M
M  H  Y  A  E  T  F  I  R  Y  A  E  G  D  E
T  T  T  D  R  E  D  M  E  C  S  L  E  I  O
J  O  F  U  V  R  Z  V  R  H  Y  L  U  C  J
E  N  G  K  M  M  I  J  A  L  H  Y  S  K  I
```

ASDRUBAL CABRERA
BRETT DE GEUS
CARSON KELLY
DAULTON VARSHO
J.B. BUKAUSKAS
JOE MANTIPLY
JOSH REDDICK
JOSH VANMETER

MERRILL KELLY
MIGUEL AGUILAR
STEFAN CRICHTON
TAYLOR WIDENER
TYLER CLIPPARD

DETROIT TIGERS 2021 PLAYERS

```
N  M  I  G  U  E  L  C  A  B  R  E  R  A  H
G  I  A  R  H  C  Z  B  N  R  F  O  E  R  J
D  C  T  B  E  A  S  T  A  E  U  Z  D  O  H
U  H  L  U  A  S  S  E  P  S  Z  W  N  B  W
J  A  A  C  L  E  L  I  V  U  C  A  A  B  I
O  E  R  K  J  Y  C  C  S  O  T  K  X  I  L
S  L  E  F  N  M  N  R  F  H  D  I  E  E  L
E  F  P  A  A  I  K  F  A  K  E  L  L  G  I
C  U  Y  R  Z  Z  O  N  V  N  R  B  A  R  C
I  L  L  M  Y  E  S  D  Z  U  E  A  R  O  A
S  M  I  E  Z  C  E  V  U  F  K  D  E  S  S
N  E  W  R  H  G  O  W  H  E  H  D  L  S  T
E  R  C  O  B  P  G  S  D  L  I  O  Y  M  R
R  L  O  R  K  N  A  I  I  Y  L  O  T  A  O
O  P  L  L  H  T  X  P  K  K  L  D  D  N  N
```

AKIL BADDOO	MICHAEL FULMER
BUCK FARMER	MIGUEL CABRERA
CASEY MIZE	ROBBIE GROSSMAN
DEREK HILL	TYLER ALEXANDER
IAN KROL	WILLI CASTRO
JONATHAN SCHOOP	WILY PERALTA
JOSE CISNERO	
KYLE FUNKHOUSER	

BASEBALL GREATS

```
R  A  K  D  S  D  Q  Z  N  U  Z  F  F  Z  P
Y  K  P  A  R  E  Y  I  I  U  Y  Y  S  B  G
I  E  I  V  E  N  K  S  L  K  E  P  A  C  Q
K  N  R  E  G  N  I  L  S  Y  G  A  M  H  Q
M  G  E  W  N  I  R  J  O  O  A  U  C  U  P
O  R  N  I  I  S  B  H  G  Z  Y  L  R  C  D
K  I  I  N  F  E  Y  A  E  Z  L  M  A  K  U
J  F  K  F  E  C  P  F  S  I  O  O  W  K  K
Z  F  H  I  I  K  U  F  O  E  R  L  F  L  M
G  E  P  E  L  E  C  U  O  S  D  I  O  E  J
H  Y  L  L  R  K  S  G  M  P  T  R  I  W
X  ,  A  D  O  S  E  M  X  I  E  O  D  N  F
Q  J  R  T  R  L  T  I  Z  T  R  R  C  U  R
H  R  G  H  B  E  T  E  X  H  R  T  U  S  Y
I  .  L  N  A  Y  N  A  E  D  Y  Z  Z  I  D
```

CHUCK KLEIN	KIRBY PUCKETT
DAVE WINFIELD	OZZIE SMITH
DENNIS ECKERSLEY	PAUL MOLITOR
DIZZY DEAN	RALPH KINER
GAYLORD PERRY	ROLLIE FINGERS
GOOSE GOSLIN	SAM CRAWFORD
KEN GRIFFEY, JR.	

MILWAUKEE BREWERS 2021 PLAYERS

```
C U Y M A A K E D P B Q L R X
H E H A L I E V A H S M N J M
R D O R E C S A N G Z R I A I
I U M I C R T T I N R E A K Q
S A O O B A O S E O O N C E R
T R D F E G N U L W W L O C O
I D R E T L H G V N D I Z O W
A O E L T I I L O E Y M N U D
N E P I I A U E G T T Y E S Y
Y S L C N S R D E L E B R I T
E C E I G I A N L O L O O N E
L O G A E V Z A B K L H L S L
I B N N R A F J A I E L R D L
C A A O V M W W C O Z C M E E
H R D P X U K O H O B Y H T Z
```

ALEC BETTINGER   JANDEL GUSTAVE

ANGEL PERDOMO   KESTON HIURA

AVISAIL GARCIA   KOLTEN WONG

CHRISTIAN YELICH   LORENZO CAIN

DANIEL VOGELBACH   MARIO FELICIANO

EDUARDO ESCOBAR   ROWDY TELLEZ

HOBY MILNER   ROWDY TELLEZ

JAKE COUSINS

ATLANTA BRAVES 2021 PLAYERS 2

```
O  J  F  N  X  E  X  Z  E  I  X  N  I  S  Q
E  A  Z  O  N  H  E  B  H  N  K  I  K  T  Q
B  S  E  S  O  C  Q  S  I  A  Y  D  E  C  O
U  S  P  N  S  A  S  X  R  M  L  R  D  J  R
K  E  ó  A  R  P  T  W  E  E  E  T  D  O  L
C  E  L  W  E  N  E  L  A  E  W  M  I  H  A
S  L  N  S  D  A  P  L  R  R  X  E  A  N
L  D  A  Y  N  I  H  A  R  F  I  V  R  N  D
Y  E  O  B  A  T  E  V  I  E  G  V  O  C  O
L  L  Y  S  N  S  N  U  A  I  H  G  S  A  A
G  A  E  N  A  I  V  D  N  D  T  X  A  M  R
G  C  Z  A  I  R  O  M  Z  D  Z  B  R  A  C
L  R  R  D  X  C  G  A  A  E  Z  O  I  R  I
A  U  I  W  U  C  T  D  Y  R  P  V  O  G  A
E  Z  D  C  F  R  Z  A  J  F  K  F  J  O  E
```

ADAM DUVALL
CRISTIAN PACHE
DANSBY SWANSON
EDDIE ROSARIO
EHIRE ADRIANZA
FREDDIE FREEMAN
IAN ANDERSON

JASSEEL DE LA CRUZ
JOHAN CAMARGO
KYLE WRIGHT
ORLANDO ARCIA
STEPHEN VOGT
YOAN LóPEZ

NEW YORK YANKEES 2021 PLAYERS

```
G N N Z J T Z G M H Y C S Z Z
O A E K A Z A L E C O Y J E Q
Z M S Y M J C E J G E E W U Y
Z R T L E W K Y K A N N A G W
I E O E S F B B A R D A N I D
R G R H O W R E L Y R E D R J
Y O C I N Y I R E S Y H Y D L
N G O G T I T T H A S W P O E
O N R A A X T O S N G E E R M
H I T S I X O R R C O R R Y A
T M E H L I N R U H M D A L H
N O S I L P M E O E E N L E I
A D J O O Q A S I Z Z A T O E
R Q R K N B I Z G S W T A J U
T B . A L U C A S L U E T G E
```

ANDREW HEANEY
ANTHONY RIZZO
DJ LEMAHIEU
DOMINGO GERMAN
GARY SANCHEZ
GIO URSHELA
GLEYBER TORRES
JAMESON TAILLON

JOELY RODRIGUEZ
KYLE HIGASHIOKA
LUCAS LUETGE
NESTOR CORTES JR.
WANDY PERALTA
YOENDRYS GOMEZ
ZACK BRITTON

KANSAS CITY ROYALS 2021 PLAYERS

```
H  Z  Y  B  C  D  H  W  G  X  S  J  M  M  C
J  S  D  S  A  L  A  R  P  D  A  K  I  I  A
A  S  A  E  R  E  N  E  I  O  L  T  C  R  R
R  I  L  R  L  I  S  Z  X  M  V  N  H  O  L
R  J  E  A  O  F  E  Y  W  I  A  O  A  N  O
O  R  V  V  S  I  R  N  L  N  D  M  E  I  S
D  Y  O  I  S  R  A  I  E  G  O  U  L  M  H
D  A  L  L  A  R  L  C  R  O  R  A  A  E  E
Y  N  D  O  N  E  B  K  D  T  P  T  .  K  R
S  O  R  D  T  M  E  Y  X  A  E  S  T  I  N
O  H  A  R  A  T  R  L  Z  P  R  H  A  M  A
N  E  H  A  N  I  T  O  B  I  E  S  Y  D  N
H  A  C  W  A  H  O  P  X  A  Z  O  L  W  D
G  R  I  D  A  W  A  E  W  G  A  J  O  O  E
G  N  R  E  R  A  Z  Z  K  M  Y  F  R  D  Z
```

CARLOS HERNANDEZ
CARLOS SANTANA
DOMINGO TAPIA
EDWARD OLIVARES
HANSER ALBERTO
JARROD DYSON
JOSH STAUMONT
MICHAEL A. TAYLOR

MIKE MINOR
NICKY LOPEZ
RICHARD LOVELADY
RYAN OHEARN
SALVADOR PEREZ
WHIT MERRIFIELD

OAKLAND ATHLETICS 2021 PLAYERS

```
S  A  S  J  H  F  R  O  T  D  Y  A  J  W  L
T  E  T  .  V  R  A  W  I  N  L  N  A  Q  S
E  T  A  B  S  A  M  V  T  A  D  D  M  G  E
P  V  R  .  W  N  O  C  E  L  E  R  E  J  A
H  L  L  W  E  K  N  S  P  E  O  E  S  A  N
E  P  I  E  L  I  L  M  O  R  L  W  K  K  M
N  H  N  N  V  E  A  P  R  O  I  C  A  E  A
P  Z  G  D  I  M  U  Z  I  M  S  H  P  D  N
I  T  M  E  S  O  R  E  E  H  G  A  R  I  A
S  Q  A  L  A  N  E  T  M  C  U  F  I  E  E
C  N  R  K  N  T  A  C  S  T  E  I  E  K  A
O  R  T  E  D  A  N  R  U  I  R  N  L  M  P
T  E  E  N  R  S  O  I  Y  M  R  K  I  A  J
T  A  G  O  U  N  H  Z  T  W  A  B  A  N  D
Y  L  H  Z  S  P  N  B  K  R  C  Y  N  S  Z
```

ANDREW CHAFIN
DEOLIS GUERRA
ELVIS ANDRUS
FRANKIE MONTAS
J.B. WENDELKEN
JAKE DIEKMAN
JAMES KAPRIELIAN
MITCH MORELAND

RAMON LAUREANO
SEAN MANAEA
STARLING MARTE
STEPHEN PISCOTTY
YUSMEIRO PETIT

SAN FRANCISCO GIANTS 2021 PLAYERS

```
M  F  A  X  L  D  T  D  X  I  M  T  Q  J  E
E  U  L  O  A  R  H  O  T  M  I  Y  A  O  C
O  R  E  U  M  O  A  N  S  J  K  L  I  S  Y
H  N  X  G  O  F  I  O  E  O  E  E  C  E  T
K  I  D  I  N  W  R  V  R  H  Y  R  R  A  N
U  R  I  L  T  A  O  A  O  N  A  R  A  L  A
F  A  C  A  E  R  E  N  L  N  S  O  G  V  Y
A  D  K  S  W  C  S  S  F  Y  T  G  N  A  R
L  N  E  A  A  N  T  O  R  C  R  E  I  R  B
E  N  R  C  D  O  R  L  E  U  Z  R  L  E  S
X  J  S  T  E  D  A  A  M  E  E  S  R  Z  I
W  O  O  R  J  N  D  N  L  T  M  C  A  Z  R
O  Z  N  U  R  A  A  O  I  O  S  H  J  Q  K
O  Y  M  C  V  R  J  B  W  Z  K  H  S  Y  O
D  F  D  K  S  B  U  H  S  B  I  O  Q  G  Z
```

ALEX DICKERSON   JOSE ALVAREZ

ALEX WOOD   KRIS BRYANT

BRANDON CRAWFORD   LAMONTE WADE JR

CURT CASALI   MIKE YASTRZEMSKI

DARIN RUF   THAIRO ESTRADA

DONOVAN SOLANO   TYLER ROGERS

JARLIN GARCIA   WILMER FLORES

JOHNNY CUETO

ST. LOUIS CARDINALS 2021 PLAYERS

```
I  Z  R  T  Q  B  W  I  B  G  M  J  L  P  J
Z  P  E  D  O  A  O  T  R  E  A  U  X  A  U
F  C  N  I  D  N  A  N  A  J  T  S  D  J  N
I  U  Z  M  E  E  L  P  N  A  T  T  Y  O  I
B  V  I  H  I  N  I  N  D  K  C  I  W  H  O
L  D  N  C  V  T  S  O  O  E  A  N  N  A  R
C  E  K  S  O  K  A  D  N  W  R  W  A  N  F
D  E  W  D  N  N  N  N  W  O  P  I  M  Q  E
N  G  E  L  A  P  C  O  A  O  E  L  D  U  R
F  T  R  O  H  W  H  R  D  D  N  L  E  E  N
R  Z  D  G  O  E  E  L  D  F  T  I  Y  Z  A
Z  X  N  L  J  F  Z  E  E  O  E  A  M  A  N
S  I  A  U  K  D  A  G  L  R  R  M  M  D  D
Y  C  Y  A  U  H  Y  N  L  D  S  S  O  A  E
H  R  E  P  F  E  F  A  R  W  R  R  T  C  Z
```

ALI SANCHEZ   JUNIOR FERNANDEZ
ANDREW KNIZNER   JUSTIN WILLIAMS
ANGEL RONDON   MATT CARPENTER
BRANDON WADDELL   PAUL GOLDSCHMIDT
JAKE WOODFORD   TOMMY EDMAN
JOHAN OVIEDO
JOHAN QUEZADA

ST. LOUIS CARDINALS 2021 PLAYERS

```
E  A  J  G  L  R  E  N  T  R  R  Z  O  Y  G
A  D  A  E  P  E  S  T  .  E  E  Y  M  Y  J
N  A  S  N  M  N  F  P  J  T  D  Y  N  A  O
D  M  O  E  I  Z  K  A  .  N  A  N  O  D  S
R  W  S  S  K  I  A  U  M  E  B  A  S  I  E
E  A  O  I  N  N  L  L  C  P  N  M  L  E  R
W  I  D  S  U  K  E  D  F  R  O  D  R  R  O
M  N  N  C  Y  W  X  E  A  A  S  E  A  M  N
I  W  U  A  H  E  R  J  R  C  I  Y  C  O  D
L  R  M  B  G  R  E  O  L  T  R  M  N  L  O
L  I  D  R  N  D  Y  N  A  T  R  M  A  I  N
E  G  E  E  A  N  E  G  N  A  A  O  L  N  H
R  H  D  R  W  A  S  O  D  M  H  T  Y  A  R
I  T  M  A  K  F  A  O  W  V  D  P  D  P  K
P  I  P  Y  E  L  T  I  H  W  I  D  O  K  U
```

ADAM WAINWRIGHT
ALEX REYES
ANDREW KNIZNER
ANDREW MILLER
DYLAN CARLSON
EDMUNDO SOSA
GENESIS CABRERA
HARRISON BADER

JOSE RONDON
KODI WHITLEY
KWANG HYUN KIM
MATT CARPENTER
PAUL DEJONG
T.J. MCFARLAND
TOMMY EDMAN
YADIER MOLINA

SAN FRANCISCO GIANTS 2021 PLAYERS

```
I  I  Z  N  M  E  C  N  F  B  S  T  S  Y  C
Q  C  H  J  A  N  H  O  U  R  I  Z  O  F  A
D  S  D  A  U  S  A  S  Q  A  V  B  K  S  M
E  G  W  S  R  T  D  R  F  N  A  R  E  A  I
T  D  I  O  I  E  W  E  O  D  D  A  R  M  L
N  K  L  N  C  V  I  K  O  O  N  N  V  M  O
A  Q  M  V  I  E  C  C  Z  N  I  D  I  Y  D
Y  J  E  O  O  N  K  I  F  C  L  O  N  L  O
R  O  R  S  D  D  T  D  G  R  Y  N  C  O  V
B  E  F  L  U  U  R  X  S  A  A  B  A  N  A
S  Y  L  E  B  G  O  E  L  W  J  E  S  G  L
I  B  O  R  O  G  M  L  Y  F  T  L  T  I  E
R  A  R  R  N  A  P  A  X  O  L  T  R  H  U
K  R  E  V  N  R  M  C  G  R  Z  Q  O  I  L
K  T  S  R  F  K  W  J  W  D  R  R  C  C  J
```

ALEX DICKERSON   JOEY BART

BRANDON BELT   KERVIN CASTRO

BRANDON CRAWFORD   KRIS BRYANT

CAMILO DOVAL   MAURICIO DUBON

CHADWICK TROMP   SAMMY LONG

JASON VOSLER   STEVEN DUGGAR

JAYLIN DAVIS   WILMER FLORES

CLEVELAND INDIANS 2021 PLAYERS

```
G Z E C M J A G Z N S B S G H
Q E C P Z L N A O O H I E A W
P R A F F E D B W S E G G R H
U E M O R F R R B N K H D R X
Z P H S M B E I O H Y P E F K
O O I C R A S E B O L O H V L
W T L A Z L G L B J E F N L O
E R L R L E I A Y L N G I T G
N E C M Y X M R B E E R T M A
M B U E A Y E I R I L J S C N
I O P R C O N A A N S Q U R A
L R S C K U E S D A O P A Y L
L J V A V N Z Q L D N L Z K L
E W K D F G Q J E J X J J H E
R I L O N W U C Y P S A B U N
```

ALEX YOUNG
ANDRES GIMENEZ
AUSTIN HEDGES
BOBBY BRADLEY
CAM HILL
DANIEL JOHNSON
GABRIEL ARIAS

KYLE NELSON
LOGAN ALLEN
OSCAR MERCADO
OWEN MILLER
ROBERTO PEREZ

BASEBALL SLANG

```
V  C  V  L  C  R  G  F  E  C  C  C  H  E  C
X  G  C  R  A  E  W  G  Z  A  R  U  F  G  A
H  O  A  C  U  T  C  O  C  U  O  R  I  A  T
C  L  N  U  G  T  O  P  O  G  O  T  R  S  B
I  D  O  T  H  I  M  H  L  H  K  A  E  X  I
R  E  F  O  T  H  E  E  L  T  E  I  M  B  R
C  N  C  F  L  P  B  R  A  N  D  N  A  U  D
U  S  O  F  O  U  A  B  R  A  N  C  N  Z  S
S  O  R  M  O  N  C  A  E  P  U  A  L  R  E
C  M  N  A  K  A  K  L  H  P  M  L  X  A  A
A  B  D  N  I  E  E  L  B  I  B  L  I  L  T
T  R  I  G  N  L  R  G  X  N  E  R  B  L  K
C  E  S  A  G  C  G  S  S  G  R  O  B  E  J
H  R  H  P  I  R  C  Y  C  L  E  G  L  C  W
Y  O  Z  N  X  V  E  E  B  R  E  G  N  I  D
```

CAN OF CORN	COMEBACKER	GAP
CATBIRD SEAT	CROOKED NUMBER	GAS
CAUGHT LOOKING	CURTAIN CALL	GOLDEN SOMBRERO
CAUGHT NAPPING	CUTOFF MAN	GOPHER BALL
CELLAR	CYCLE	
CIRCUS CATCH	DINGER	
CLEANUP HITTER	DISH	
COLLAR	FIREMAN	

CINCINNATI REDS 2021 PLAYERS 2

```
W  J  R  S  U  N  O  A  T  Q  J  W  I  H  S
A  O  M  H  T  A  F  R  O  S  O  Q  H  M  O
I  S  N  O  R  M  Y  I  N  Q  N  J  I  C  N
J  é  O  G  A  E  B  S  Y  A  A  R  Z  I  A
P  B  L  O  H  E  X  T  S  L  T  Y  I  O  L
G  A  U  A  N  R  L  I  A  E  H  A  N  N  L
X  R  C  K  R  F  I  D  N  J  A  N  A  E  E
K  R  A  I  A  E  I  E  T  O  N  H  L  L  T
S  E  S  Y  B  K  A  S  I  L  I  E  A  P  S
N  R  S  A  R  I  P  A  L  O  N  N  .  é  A
S  O  I  M  E  M  K  Q  L  P  D  D  J  R  C
O  Y  M  A  K  B  E  U  A  E  I  R  .  E  K
N  E  S  L  C  M  Z  I  N  Z  A  I  R  Z  C
V  R  S  N  U  J  I  N  L  J  N  X  Q  V  I
X  N  O  C  T  F  E  O  M  F  U  U  T  P  N
```

ALEJO LOPEZ

ARISTIDES AQUINO

CIONEL PéREZ

JONATHAN INDIA

JOSé BARRERO

LUCAS SIMS

MIKE FREEMAN

NICK CASTELLANOS

R.J. ALANIZ

RYAN HENDRIX

SHOGO AKIYAMA

TONY SANTILLAN

TUCKER BARNHART

PHILADELPHIA PHILLIES 2021 PLAYERS

```
D  S  F  L  H  B  I  O  V  F  S  M  C  Y  F
S  U  R  I  A  R  K  D  V  J  P  A  X  Y  Z
B  I  E  M  D  H  S  U  Q  K  I  U  A  E  A
Z  R  D  A  O  Y  W  B  I  E  L  R  G  Y  C
D  O  D  T  N  S  O  E  C  S  L  I  A  J  H
A  G  Y  T  I  H  K  L  U  A  I  C  N  J  E
L  E  G  V  S  O  N  H  T  M  H  I  D  K  F
E  R  A  I  M  S  A  E  K  C  P  O  R  I  L
C  G  L  E  E  K  J  R  M  O  R  L  E  P  I
B  I  V  R  D  I  S  R  B  O  E  L  W  J  N
O  D  I  L  I  N  I  E  V  N  L  O  K  D  U
H  I  S  I  N  S  V  R  P  R  Y  V  N  D  F
M  D  M  N  A  E  A  A  A  O  T  E  A  G  S
X  E  Z  G  P  J  R  O  E  D  Z  R  P  P  T
X  Y  U  S  N  U  T  U  S  O  D  A  P  A  R
```

ADONIS MEDINA   ODUBEL HERRERA

ALEC BOHM   RHYS HOSKINS

ANDREW KNAPP   SAM COONROD

DIDI GREGORIUS   TRAVIS JANKOWSKI

FREDDY GALVIS   TYLER PHILLIPS

MATT VIERLING   ZACH EFLIN

MAURICIO LLOVERA

BASEBALL POSITIONS

```
J  B  X  B  K  R  E  H  C  T  A  C  N  I  V
I  T  B  R  K  Z  S  H  O  R  T  S  T  O  P
Y  P  X  D  L  E  I  F  T  H  G  I  R  X  R
E  Y  F  V  U  R  U  G  A  U  T  N  A  I  Y
S  F  Y  E  S  A  B  D  R  I  H  T  X  A  G
A  O  T  D  U  V  G  Y  N  E  I  G  W  I  V
B  Y  K  O  V  P  E  S  A  B  T  S  R  I  F
D  J  D  L  E  I  F  R  E  T  N  E  C  R  I
N  B  I  N  F  I  E  L  D  E  R  W  M  A  Q
O  C  O  I  P  T  Y  I  H  X  O  W  C  X  D
C  A  A  O  U  T  F  I  E  L  D  E  R  T  J
E  H  N  X  Q  F  T  I  K  I  H  W  O  C  J
S  X  C  K  H  T  V  B  J  J  Z  Q  D  R  F
I  E  H  L  E  F  T  F  I  E  L  D  E  R  K
H  X  C  R  I  W  R  E  H  C  T  I  P  V  O
```

CATCHER	LEFT FIELDER	SHORT STOP
CENTER FIELD	OUTFIELDER	THIRD BASE
FIRST BASE	PITCHER	
HITTER	RIGHT FIELD	
INFIELDER	SECOND BASE	

TEXAS RANGERS 2021 PLAYERS

```
M D T O N B W D J V S N C B B
I E T T O Q I E O N P D O B P
K N A F T F L M N J E R H U V
E N Y A T U L A A O N E R N P
F I L N A D I R H S C W O I P
O S O D P R E C H E E A J T L
L S R Y R A C U E T R N U R J
T A H I E L A S I R H D O A O
Y N E B C L L E M E O E E M S
N T A á N A H V C V W R F N H
E A R ñ E Y O A U I A S A O S
W N N E P B U N E N R O Q S B
I A F Z S L N S G O D N V A O
C I T C T O A I V U U I Z J R
Z U C Z O K Z R X V J H O U Z
```

ANDY IBáñEZ

DEMARCUS EVANS

DENNIS SANTANA

DREW ANDERSON

JASON MARTIN

JONAH HEIM

JOSE TREVINO

JOSH SBORZ

KOLBY ALLARD

MIKE FOLTYNEWICZ

SPENCER HOWARD

SPENCER PATTON

TAYLOR HEARN

WILLIE CALHOUN

TAMPA BAY RAYS 2021 PLAYERS 2

```
T  K  E  V  I  N  K  I  E  R  M  A  I  E  R
G  D  B  W  A  T  L  A  J  P  N  J  E  Z  C
T  O  O  A  Y  D  A  B  E  N  S  O  W  S  O
R  W  D  W  T  B  U  P  F  O  N  E  U  M  L
D  O  T  A  O  J  J  D  F  S  V  Y  A  I  L
P  L  A  N  M  O  I  V  R  P  O  W  E  K  I
G  P  Y  D  M  S  M  V  E  M  R  E  S  E  N
K  U  L  E  Y  H  A  A  Y  O  T  N  S  F  M
G  L  O  R  H  L  N  W  S  H  L  D  O  O  C
G  N  R  F  U  O  C  V  P  T  O  L  R  R  H
D  A  W  R  N  W  H  I  R  N  I  E  B  D  U
X  D  A  A  T  E  O  G  I  A  G  C  E  U  G
M  R  L  N  E  F  I  O  N  Y  W  D  K  L  H
W  O  L  C  R  A  M  E  G  R  Q  N  I  L  O
R  J  S  O  H  T  Q  G  S  D  V  K  M  U  Y
```

COLLIN MCHUGH	MIKE BROSSEAU
JEFFREY SPRINGS	MIKE FORD
JIMAN CHOI	RYAN THOMPSON
JOEY WENDLE	TAYLOR WALLS
JORDAN LUPLOW	TOMMY HUNTER
JOSH LOWE	WANDER FRANCO
KEVIN KIERMAIER	

TEXAS RANGERS 2021 PLAYERS 2

```
B  X  I  K  D  W  A  R  Y  N  H  A  F  Z  M
C  A  I  V  S  I  I  Z  A  O  K  D  J  R  L
D  D  V  I  E  L  C  E  N  I  J  O  M  X  E
E  E  I  J  K  L  R  U  D  R  S  L  Q  N  T
H  J  F  O  R  I  A  G  Y  B  P  I  V  W  S
N  E  O  H  U  E  G  I  I  V  C  S  D  E  O
I  T  C  N  B  C  D  R  B  B  L  G  A  S  P
C  N  C  K  K  A  I  D  á  R  U  A  V  B  A
K  O  K  I  C  L  V  O  ñ  O  U  R  I  E  N
S  S  Y  N  O  H  A  R  E  C  O  C  D  N  E
O  R  G  G  R  O  D  Y  Z  K  Y  í  D  J  T
L  E  O  Q  B  U  F  R  L  H  V  A  A  A  R
A  D  P  O  Y  N  O  R  R  O  T  O  H  M  E
K  N  O  X  G  W  Z  E  X  L  G  N  L  I  H
A  A  S  G  B  D  B  Y  D  T  F  C  W  N  S
```

ADOLIS GARCíA

ANDERSON TEJEDA

ANDY IBáñEZ

BROCK BURKE

BROCK HOLT

DAVID DAHL

DAVID GARCIA

JOHN KING

NICK SOLAK

SHERTEN APOSTEL

WES BENJAMIN

WILLIE CALHOUN

YERRY RODRIGUEZ

SAN DIEGO PADRES 2021 PLAYERS

```
J A O V B X S J P N A J D J R
U T Y C O T I A I R X E N A Y
R A O R I I N K E D Y R O K A
I U D A P M I E R R U I C E N
C S A I R H T M C E J C N C W
K T H G P I A A E W O H A R E
S I C S X L R R J P R O L O A
O N A T H L A I O O G S E N T
N A M A Z H C S H M E M M E H
P D Y M W C R N N E M E K N E
R A N M H W O I S R A R R W R
O M N E U Y T C O A T I A O S
F S A N S R C K N N E L M R V
A T M C Z O I O K Z O C I T O
R W R D L F V G S Y C M X H H
```

AUSTIN ADAMS
CRAIG STAMMEN
DREW POMERANZ
ERIC HOSMER
JAKE CRONENWORTH
JAKE MARISNICK
JORGE MATEO
JURICKSON PROFAR

MANNY MACHADO
MARK MELANCON
PIERCE JOHNSON
RYAN WEATHERS
TIM HILL
VICTOR CARATINI

Puzzle #56

OAKLAND ATHLETICS 2021 PLAYERS

```
B  A  K  S  G  J  W  B  R  S  A  J  N  N  A
N  .  W  G  T  Y  U  R  A  A  M  A  G  I  L
R  J  D  E  O  A  K  Z  M  M  C  M  T  H  B
C  .  P  Y  N  N  I  A  O  M  U  E  N  C  H
R  P  M  X  Y  G  S  D  N  O  C  S  T  A  N
E  U  V  Q  K  O  Z  A  L  L  Y  K  M  M  Y
D  K  U  C  E  M  X  M  A  L  B  A  M  L  B
N  G  R  G  M  E  I  K  U  X  C  P  T  E  Q
I  B  Y  E  P  S  E  O  R  Z  P  R  P  A  S
P  O  R  E  M  O  R  L  E  U  G  I  M  M  Z
D  W  O  E  B  H  O  A  A  C  C  E  C  I  N
A  U  E  Z  T  A  C  R  N  N  A  L  X  V  B
H  B  G  O  P  M  E  E  O  H  D  I  E  H  I
C  V  I  X  Q  H  R  K  E  N  A  A  B  L  T
T  G  K  D  E  Z  Z  F  R  H  Q  N  A  D  E
```

A.J. PUK
ADAM KOLAREK
CHAD PINDER
JAMES KAPRIELIAN
MIGUEL ROMERO
RAMON LAUREANO
SAM MOLL

TONY KEMP
VIMAEL MACHIN
YAN GOMES

CHICAGO CUBS 2021 PLAYERS

```
V B K J Z X I P M N Y A L A P
F A Y O E I X A I A A J L R N
R L L H U A S T C Y L R I A I
A M E N G N J R H R O A G T C
N A H E I H A I A E Z F E N O
K L E S R A K C E L L A M A H
S E N H D P E K L Y A E R C O
C C D W O P J W R K T L O L E
H M R Y R N E I U R R O V A R
W I I F L Q W S C I E R E O N
I L C A E G E D K T B T R I E
N L K R U N L O E L D E T G R
D S S G N R L M R O A G B R L
E G C A A R L B X U R A F E X
L W O S M H F O W N G C J S L
```

ADBERT ALZOLAY

ALEC MILLS

FRANK SCHWINDEL

IAN HAPP

JAKE JEWELL

JOHNESHWY FARGAS

KYLE HENDRICKS

KYLE RYAN

MANUEL RODRIGUEZ

MICHAEL RUCKER

NICO HOERNER

PATRICK WISDOM

RAFAEL ORTEGA

SERGIO ALCANTARA

TREVOR MEGILL

MLB CITIES & LOCATIONS

```
Q  H  M  N  O  C  L  E  V  E  L  A  N  D  W
T  S  I  U  C  T  A  M  P  A  B  A  Y  E  P
G  G  A  Y  S  I  D  G  O  G  K  J  S  Y  H
P  B  M  L  I  C  X  E  Z  C  R  T  P  P  I
U  E  I  I  C  P  G  W  U  L  A  R  W  C  L
Y  N  T  T  N  G  K  C  Z  R  U  P  E  X  A
T  O  J  F  A  N  A  S  I  Z  I  B  S  I  D
I  T  B  C  R  C  E  Z  M  T  C  O  T  D  E
C  G  J  J  F  Z  O  S  T  W  H  S  H  N  L
S  N  W  G  N  N  A  S  O  P  I  T  O  A  P
A  I  B  L  A  E  B  O  X  T  C  O  U  G  H
S  H  C  X  S  U  I  M  O  Y  A  N  S  C  I
N  S  D  D  R  U  C  H  K  F  G  F  T  C  A
A  A  Z  G  T  O  R  O  N  T  O  Z  O  J  T
K  W  H  X  N  E  D  M  D  A  M  U  N  I  F
```

BOSTON   TAMPA BAY
CLEVELAND   TORONTO
KANSAS CITY   WASHINGTON
MIAMI   WEST ARIZONA
MINNESOTA   WEST HOUSTON
PHILADELPHIA
PITTSBURGH
SAN FRANCISCO

BASEBALL GREATS

```
Q C S H O C S L B C Y Q R K G
J A P A S A B X K J X L M L L
Q R M R C L R S C U P L I V E
G L D M A R O T I A F E C M D
W Y R O R I O R W N R B K F D
I A E N C P K E D M Z A E X I
Y S P K H K S B E A E P Y F E
Q T H I A E R O M R M A C G M
T R C L R N O R E I O P O M A
Z Z X L L , B N O C G L C S T
Z E R E E J I I J H Y O H L H
C M D B S R N B L A T O R R E
I S H R T . S O K L F C A A W
H K I E O O O R N M E H N S S
L I N W N H N P N W L E E C R
```

BROOKS ROBINSON
CAL RIPKEN, JR.
CARL YASTRZEMSKI
COOL PAPA BELL
EDDIE MATHEWS
HARMON KILLEBREW
JOE MEDWICK

JUAN MARICHAL
LEFTY GOMEZ
MICKEY COCHRANE
OSCAR CHARLESTON
ROBIN ROBERTS

HOUSTON ASTROS 2021 PLAYERS

```
L  E  Q  K  M  R  K  Z  G  R  C  M  A  L  E
G  E  B  E  A  J  C  E  X  A  R  I  E  U  N
U  L  T  N  R  B  I  R  D  F  I  C  R  I  T
O  M  U  D  T  R  M  A  Q  A  S  H  R  S  F
Z  B  J  A  I  O  R  V  R  E  T  A  O  G  Y
S  R  K  L  N  O  O  L  O  L  I  E  C  A  U
O  Y  E  L  M  K  C  Á  B  M  A  L  S  R  L
Y  A  U  G  A  S  C  N  E  O  N  B  O  C  I
T  N  R  R  L  R  M  A  L  N  J  R  L  I  G
N  A  Y  A  D  A  S  D  G  T  A  A  R  A  U
D  B  G  V  O  L  A  R  A  E  V  N  A  J  R
I  R  F  E  N  E  H  O  R  R  I  T  C  J  R
U  E  B  M  A  Y  C  Y  C  O  E  L  R  E  I
U  U  F  A  D  L  V  P  I  E  R  E  X  Y  E
L  I  Y  N  O  I  N  N  A  I  N  Y  M  T  L
```

BROOKS RALEY   MICHAEL BRANTLEY
BRYAN ABREU   RAFAEL MONTERO
CARLOS CORREA   ROBEL GARCIA
CHAS MCCORMICK   YORDAN ÁLVAREZ
CRISTIAN JAVIER   YULI GURRIEL
KENDALL GRAVEMAN
LUIS GARCIA
MARTIN MALDONADO

Puzzle #61

TORONTO BLUE JAYS 2021 PLAYERS

```
S A U D A G A R L E T N A X J
G L R T R N N A A B R N F L O
H E E T E I T N N V E O M J R
S J G A L L H D I R V S M O D
I A N L A P O A P E O R D S A
L N I E V I N L S E R E A E N
O D R K C R Y G E S R K N B R
D R P M I T C R O E I C N E O
L O S A V S A I G M C I Y R M
E K E N Y S S C A C H D J R A
A I G O E S T H I G A Y A I N
F R R A R O R U T U R E N O O
A K O H B R O K N I D R S S T
R U E T Z U S P A R S O E M F
D L G Z F Y M A S E J C N A D
```

ALEJANDRO KIRK
ALEK MANOAH
ANTHONY CASTRO
BREYVIC VALERA
COREY DICKERSON
DANNY JANSEN
GEORGE SPRINGER
JORDAN ROMANO

JOSE BERRIOS
RAFAEL DOLIS
RANDAL GRICHUK
REESE MCGUIRE
ROSS STRIPLING
SANTIAGO ESPINAL
TREVOR RICHARDS

WASHINGTON NATIONALS 2021 PLAYERS Puzzle # 5

N	G	N	A		N	C		P		A	Y			
O	A	A	D		O	A	J	A	A	N	A		J	G
S	B	M	R		S	R	O	T	L	D	D		E	E
N	E	R	I		P	T	S	R	C	R	I		F	R
E	K	E	A		M	E	H	I	I	E	E		R	A
V	L	M	N	R	O	R	B	C	D	S	L	Y	Y	R
E	O	M	S	Y	H	K	E	K	E	M	H	A	R	D
T	B	I	A	N	T	I	L	C	S	A	E	L	O	O
S	O	Z	N	E	N	E	L	O	E	C	R	C	D	P
W	S	N	C	H	O	B		R	S	H	N	M	R	A
E	I	A	H	A	S	O		B	C	A	á	A	I	R
R	T	Y	E	R	A	O		I	O	D	N	S	G	R
D	S	R	Z	P	M	M		N	B	O	D		U	A
N			E						A		E	E		
A			R					R		Z		Z		

SAN DIEGO PADRES 2021 PLAYERS Puzzle # 6

M	O		D	D				N	M	J		
I	N		I	A	I	W		A	A	A		
K	A		N	N	E		B	H	K	O	C	
G	S		E	I	I	B		I	S	E	L	H
N	U		L	E	T	S		L	I	C	L	R
O	P		S	L	A	T	R	C	R	R	I	I
E	M		O	C	R	E	E	R	G	O	T	S
S	A		N	A	A	R	M	I	T	N	S	P
A	C		L	M	C	R	S	S	N	E	A	A
H	S		A	A	R	I	O	M	E	N	C	D
	I		M	R	O	V	H	A	R	W	N	D
	U		E	E	T	A	C	T	T	O	A	A
	L		T	N	C	S	I	T		R	V	C
			A	I		R			T	I	K	
			V		E			H				

LOS ANGELES DODGERS 2021 PLAYERS Puzzle # 7

	S	Z			C	B		R		B			C	
	H	A	D	S	O	R		E		I			L	
G	E	C	A	T	D	U		D	C	L			A	Y
A	L	H	R	T	Y	S	Y	N	H	L		T	Y	E
V	D	M	I	E	B	D	T	A	A	Y		O	T	L
I	O	C	E	B	E	A	A	X	D	M		N	O	A
N	N	K	N	E	L	R	E	E	W	C		Y	N	R
L	N	I	N	I	L	G	B	L	A	K		G	K	E
U	E	N	ú	K	I	R	T	A	L	I		O	E	K
X	U	S	ñ	O	N	A	T	T	L	N		N	R	U
	S	T	E	O	G	T	A	T	A	N		S	S	L
	E	R	Z	M	E	E	M	O	C	E		O	H	
		Y			R	R		C	H	Y		L	A	
				O		S				I	W			
				L					N					

HOUSTON ASTROS 2021 PLAYERS 2 Puzzle # 8

	S		R	Y		F	B			L			A
	B		O	E	P	O	R			E			L
	B		B	L	E	R	A			I		E	E
		U	C	E	T	T	R	N		O	R	A	N	X
A	T	A	L	N	E	E	D		R	R	Z	O	B
N	S	R	G	A	R	S	O		T	U	R	L	R
D	T	L	A	R	S	T	N		S	G	A	I	E
R	T	O	R	B	O	W	B		A	I	G	P	G
E	E	S	C	L	L	H	I		C	L	H	A	M
S	R	C	I	E	O	I	E		N	U	P	R	A
C	R	O	A	A	M	T	L		O	Y	L	E	N
R	A	R		H	O	L	A		S		A	D	
U	G	R		C	N	E	K		A		R	E	
B		E		I		Y			J			S	
B		A		M									

PITTSBURG PIRATES 2021 PLAYERS
Puzzle # 9

	J						W			P
K	O	A				H	I			H
E	C					O	L			I
B	O	N				Y	M	M		L
R	B	K	A			P	E	I	S	L
Y	S	E		L		A	R	T	A	I
A	T	V		O		R	D	C	M	P
N	A	I		P	K	I		H	H	E
H	L	N			Y	F		K	O	V
A	L	N			R	O	E	W	A	
Y	I	E				O	L	A	N	
E	N	W				G	L	R	S	
S	G	M					E	D		
	S	A					R	R		
	N	I	C	K	M	E	A	R	S		G

BASEBALL GREATS
Puzzle # 10

	H	A	N	K	G	R	E	E	N	B	E	R	G		
			M	I	K	E	S	C	H	M	I	D	T	
		T	O	M	S	E	A	V	E	R			G	
S		L	E	F	T	Y	G	R	O	V	E	E		
N		N	A	P	L	A	J	O	I	E		O		
I												R		
L	N	J	O	E	J	A	C	K	S	O	N	G		
L	O											E		
O	S	T	E	V	E	C	A	R	L	T	O	N	S	
C	B											I		
E	I	T	R	I	S	S	P	E	A	K	E	R	S	
I	G											L		
D	B											E		
D	O	Y	O	G	I	B	E	R	R	A		R		
E	B													

BALTIMORE ORIOLES 2021 PLAYERS
Puzzle # 11

		N	C	S	R		S	P	C		A		
A		N	E	N	Y	J	H	E	E		L		
D	M	A	S	I	A	O	A	D	D		E		C
A	A	M	A	K	N	H	U	R	R		X	R	O
M	T	T	R	R	T	M	N	N	O	I	A	Y	L
P	T	R	E	V	A	O	M	A	S	C	N	A	E
L	H	E	M	A	W	U	E	N	E	M	D	N	S
U	A	Y	M	L	R	N	A	D	V	U	E	M	U
T	R	M	I	D	E	T	N	E	E	L	R	C	L
K	V	A	Z	E	S	C	S	R	R	L	W	K	S
O	E	N	E	Z	N	A		S	I	I	E	E	E
	Y	C	C		E	S		O	N	N	L	N	R
		I	U		P	T		N	O	S	L	N	
		N	R		S	L				S	A		
		I	B			E							

WASHINGTON NATIONALS 2021 PLAYERS
Puzzle # 12

						Z	C				G	J
			A			E	A				E	O
			L			D	R	A			R	S
	Z		C	L		K	N	T	N	J	A	I
R	I		I	A	T	Y	á	E	U	A	R	A
E	U		D	N	R	L	N	R	T	K	D	H
C	R		E	E	E	E	R	K	N	S	O	G
R	T		S	T	S	M	E	I	A	O	C	R
E	R		E	H	B	C	H	E	L	N	A	A
M	E		S	O	A	G	L	B	E	R	R	Y
Y	B		C	M	R	O	E	O	S	E	R	
D	I		O	A	R	W	I	O	A	E	I	
R	E		B	S	E	I	D	M	Y	T	L	
O	K		A		R	N	A			Z	L	
J			R		A		Y				O	

KANSAS CITY ROYALS 2021 PLAYERS
Puzzle # 13

```
      H D M   R   O
A     A L I   E   R
R N R   N E C   I S E
E I Y   N S I H J Z P V
V C A   O   E F A A O M I   K
I K N   S A R I E K D A R   Y
R Y M   Y N A R L O R Y N   L
L L C   D G L R A B E A A   E
E O B   D E B E . J T P I   I
U P R   O L E M T U N L T   S
N E O   R Z R T A N U E S   B
A Z O   R E T I Y I H O A   E
M   M   A R O H L S   J B   L
M     J P   W O       E
E       A   R       S
```

MARLINS 2021 PLAYERS 2
Puzzle # 14

```
  Y M               P
  B A O             A
    R W N           B   C
    T   A O T       L   O
N R     X L E       O   D
A E     N T L H     L   Y
M D     O O O A     O   P
Z I     E N H R     P   O
U E       L G N R   E   T
G N       Y A A I Z     E
E K         D R D S     E
G C         N R R O     T
R I         A E O N
O N         S T J
J I T R E B N O J       T
```

MARLINS 2021 PLAYERS
Puzzle # 15

```
  B S   B M   R Z   R
  R A   R A   E A   I   Z   A
  Y N   I G L D C   C R A   U
  A D   A N E N H   H O I J S
N N Y O N E W E T   A S D A T
O D A R A U I B H   R S N Z I
E E L O N R S Y O J D D A Z N
L L C L D I B N M O B E S C P
Y A A F E S R O P E L T I H R
D C N N R S I H S P E W   I U
N R T A S I N T O A I I   S I
A U A L O E S N N N E L   H T
S Z R Y N R O A   I R E   O T
  A D   R N   K   R   L
      A           M
```

MLB TEAMS
Puzzle # 16

```
  R A Y S   B R A V E S
S P H I L L I E S O R T S A
R E D S O X S   C
E         E Y     U C   D
G       L S I A B   A B I S
I   R O   N L R N R   A S E
T   I O D   E A D K M   W T
D R   I C W   I N O E H   A
R O O A   E K N M N O I E   R
E M N D R   A I D A T I   S I
D S E S G L   B E E R   T   P
S   T S E A   S S   L   A
      S C R O Y A L S I   N
    K   X S         N
    S B L U E J A Y S       S
```

CINCINNATI REDS 2021 PLAYERS
Puzzle # 17

	J			E	T	N	S	S	A			
	O			N	U	Y	E	H	E	R	T	L
O	N		I	G	L	Z	O	A	I	U		U
L	H	A	J	U	E	E	N	G	N	S	C	I
L	E	T	U	Q	N	R	E	O	D	T	K	S
I	A	H	S	A	I	S	R	A	O	I	E	C
T	T	A	T	N	O	T	O	K	O	D	R	E
S	H	N	I	R	S	E	L	I	L	E	B	S
A	H	I	N	E	U	P	L	Y	I	S	A	S
C	E	N	W	L	A	H	E	A	T	A	R	A
S	M	D	I	Y	R	E	A	M	T	Q	N	
I	B	I	L	T	E	N	H	A	L	U	H	
U	R	A	S		Z	S	C		E	I	A	
L	E		O		O	I			N	R		
	E		N		N	M			O	T		

CHICAGO WHITE SOX 2021 PLAYERS
Puzzle # 18

D	M		B	B	Y								
R	A	N	I	R	E						Z	Y	
O	T	O	L	I	R		Z			M	A	A	
F	T	S	L	A	M	J	A		D	I	C	S	
R	F	R	Y	N	I	A	C		A	C	K	M	
E	O	E	H	G	N	K	K		N	K	C	A	
H	S	D	A	O	M	E	B		N	E	O	N	
T	T	N	R	M	O	E	L	U	Y	R	L	I	
U	E	A	R	I	D	R	A	R	M	A	L	G	
R	R	M	U	L	W	C	M	D	E	D	I	R	
E		I	B	T	I	E	B	I	N	O	N	A	
K		T	N	O	N	D			D	L	S	N	
A			A	N		E			I	F		D	
L			Y			S			C	O		A	
B			R						K			L	

TORONTO BLUE JAYS 2021 PLAYERS
Puzzle # 19

	E	T	S	P			R	T	A	G		
	L	A	A	A		N	A	R	N	A		
J	V	Y	N	T	A	O	N	E	T	B	O	
O	I	L	T	R	N	S	D	N	H	R	I	
S	S	E	I	I	T	R	A	T	O	I	G	
H	L	R	A	C	H	E	L	T	N	E	G	D
P	U	S	G	K	O	K	G	H	Y	L	I	A
A	C	A	O	M	N	C	R	O	C	M	B	E
L	I	U	E	U	Y	I	I	R	A	O	N	N
A	A	C	S	R	K	D	C	N	S	R	A	S
C	N	E	P	P	A	Y	H	T	T	E	V	Y
I	O	D	I	H	Y	E	U	O	R	N	A	B
O		O	N	Y		R	K	N	O	O	C	R
S			A			O						I
		L			C						K	

BALTIMORE ORIOLES 2021 PLAYERS
Puzzle # 20

	M			Z		N		R		E		A	
Y	A			E		N		Y		L	Y	U	T
U	I			R		A		A		T	E	S	R
S	K	J		R		M	D	N		S	V	T	E
N	E	A		E		R	O	H	Z	A	R	I	Y
I	L	H			I	R	E	M	A	A	C	A	N	M
E	F	M			T	E	M	I	R	C	T	H	W	A
L	R	A			U	M	M	N	T	L	N	R	Y	N
D	A	I			G	E	I	G	M	O	U	E	N	C
í	N	J			N	R	Z	O	A	W	O	T	N	I
A	C	O			I	K	E	L	N	T	M	N	S	N
Z	O	N			V	N	C	E		H	N	U		I
		E			L	A	U	Y		E	A	H	
		S			E	E	R	B		R	Y		
					K	D	B	A			R		

78

CHICAGO CUBS 2021 PLAYERS 2
Puzzle # 21

	K	E	E	G	A	N	T	H	O	M	P	S	O	N
	B					E						A		I
	R	N		E		C			J		G			C
	A	I		T	M		N		U		M	R		K
	I	C		O	I		A		S		A	A		M
	L	O		B	G		N		T		T	F	C	A
	Y	H		D	U		Y		I		T	Y	O	D
	N	O		I	E	M			N		D	W	R	R
I	M	E		V	L	M			S		U	H	Y	I
A	A	R		A	A	O			T		F	S	A	G
N	R	N		D	M	T			E		F	E	B	A
H	Q	E			A				E		Y	N	B	L
A	U	R			Y				L			H	O	
P	E				A				E			O	T	
P	Z											J	T	

BASEBALL SLANG
Puzzle # 22

	C	R			G	R		C			B	
C	A	E	C		N	E		L		Y	A	
I	U		D	A	B	I	T	B	E		B	S	B
R	G		I	T	A	K	T	R	A		A	K	R
C	H		L	B	T	O	I	O	N		B	E	U
U	T		S	I	T	O	H	N	U		S	T	P	S
S	N		R	R	E	L	L	X	P		U	C	U	H
C	A		O	D	R	T	L	C	H		N	A	E	B
A	P		O	S	Y	H	A	H	I		O	T	K	A
T	P		D	E		G	B	E	T	A	B	C	O	C
C	I		K	A		U	D	E	T		L	H	H	K
H	N		C	T		A	A	R	E		L	C	
	G		A			C	B		R			E	
		B	B	A	N	D	B	O	X			Y	
		Y	A	L	P	G	N	A	B	G	N	A	B

BOSTON RED SOX 2021 PLAYERS 2
Puzzle # 23

		D	K		S			M		C	F
D		L	Y		T		J	A		H	R
A	K	O	L		R		H	E	R		R	A
N	C	B	E	J	E		U	I	W		I	N
N	U	A	S	.	A		D	S	I		S	C
Y	O	E	C	D	G		S	S	N		T	H
S	H	S	H	.	O		O	O	G		I	Y
A	R	R	W	M	B		N	N	O		A	C
N	E	O	A	A	R		P	R	N		N	O
T	N	N	R	R	E		O	O	Z		A	R
A	N	N	B	T	D		T	S	A		R	D
N	A	O	E	I	N		T	A	L		R	E
A	T	C	R	N	A		S	R	E		O	R
		E	X			I	Z		Y	O	
		Z				O		O	

LOS ANGELES DODGERS 2021 PLAYERS
Puzzle # 24

	R	E	L	H	E	U	B	R	E	K	L	A	W
	R	D			J	A	V	C	
Y	E	A		N	I	U	I	O	
E	D	V		E	M	S	C	R		Y	N	P
F	N	I	S		S	M	T	T	E	C	L	E	H
R	A	D	T		N	Y	I	O	Y	H	L	N	I
Y	X	P	T	A	A	N	N	R	S	R	E	I	L
R	E	R	E	J	J	E	B	G	E	I	K	E	B
A	L	I	B	P	Y	L	A	O	A	S	E	R	I
M	A	C	E	O	E	S	R	N	G	T	O	T	C
I	T	E	I	L	L	O	N	Z	E	A	J	E	K
R	T		K	L	N	N	E	A	R	Y		K	F
E	O		O	O	E		S	L		L		A	O
Z	C		O	C	K			E		O		L	R
	S		M	K			Z		R		B	D

79

SEATTLE MARINERS 2021 PLAYERS
Puzzle # 25

			N		J	C		A	Y		
	J		A		U	I		A	O		T
	U	Y	H	E		S	N		R	H	A
	S	O	G	C		T	E	R	O	A	G	Y
	T	D	U	N	R	U	L	E	N	N	N	L
	I	O	A	A	E	S	E	G	F	R	O	R
	N	G	C	R	B	S	K	I	L	A	L	R
	D	E	C	F	R	H	D	N	E	M	D	T
	U	S	M	Y	E	E	E	A	T	I	E	R
	N	O	N	T	G	F	R	H	C	R	H	A
	N		J	E		Y	F	R	H	H	E	S	M
			R		E	I	A	C	E	Z		M
			R		O	E	J	T	R		E
			A		J	L		I		L
			D		D	M		L

NEW YORK METS 2021 PLAYERS
Puzzle # 26

A		M		L	C		T		J	M
I		A		U	A		B	A		O	I
L		J	R		I	R		R	I		N	C
I		R	A	C		S	L		A	J		A	H
M	A	M	U	P	G	O		N	U	E	T	A
A	L	E	S	E	U	S	T	D	A	D	H	E
F	L	S	S	T	I	C	R	O	N	W	A	L	L
S	I	M	T	E	L	A	E	N	W	I	N	C	L
Y	P	C	R	A	L	R	V	N	A	N	V	O	I
R	N	C	O	L	O	R	O	I	L	D	I	N	H
U	I	A	M	O	R	A	R	M	K	I	L	F	H
E	V	N	A	N	M	S	M	M	E	A	L	O	C
J	E	N	N	S	E	C	A	O	R	Z	A	R	I
	K		O		O	Y		R	T	R
		S	E	T	H	L	U	G	O

MINNESOTA TWINS 2021 PLAYERS
Puzzle # 27

	D	T				J
	A	L	R		N	O	D	R	O	G	K	C	I	N
M	N	U		E			S			B
I	N	K	B	V		H		A
T	Y	E	E		Z	O	S		D		I
C	C	F	A		E	R	O		L
H	O	A	U		A	E	L	N	E
G	U	R	B		R	F	A	Y
A	L	R	U		R	F	L	R	O
R	O	E	R		A	E	D	N	B
V	M	L	R		S	J	S		A	E
E	B	L	O		I	N	O		C	R
R	E		W		U	A	N	H
		S		L	Y
	W	A	L	K	E	R	E	D

PITTSBURG PIRATES 2021 PLAYERS
Puzzle # 28

		B		O		M			R
	O		R		N		I			O	D
I	C		Y		A		C		A	I	M
K	N		J	A	S	C		H		N	L	I
S	A	C	A	N	A	R		A	Z	S	L	G
W	L	O	R	R	M	A	R	E	U	Y	O	U
O	O	L	E	E	H	M	E	L	R	C	N	E
G	P	I	D	Y	O	A	K	C	C	O	P	L
O	Y	N	O	N	W	T	C	H	L	H	N	E	Y
N	R	M	L	O	A	I	U	A	I	O	T	T	A
N	O	O	I	L	R	P	T	V	E	Y	R	E	J
H	G	R	V	D	D	U	E	I	N	P	E	R	U
O	E	A	A	S		C	L	S	O	A	R	S	R
J	R	N		U	O		R	A	E
	G			T	C		K	S

BASEBALL GREATS
Puzzle # 29

```
  R     H R       W       S G
    O   C O       A       Y R
  H   G N B       L       A O
J O   N E E       T       M V
O N   O B R       E       E E
E U   R Y T S     R       I R
D S   A N O     H J       L A
I W   A N C     O         L L
M A   K H L T     H R     I E
A G   N O E Y     N   N   W X
G N   A J M C     S   S     A
G E   H   E O     O       B N
I R       N B     N         Y D
O         T B               E
          E     C Y Y O U N G R
```

MINNESOTA TWINS 2021 PLAYERS 2
Puzzle # 30

```
J N     F               T
O O     F       R       A
R S     O       O       Y
D D   E L D     B       L L
A L   D L R     R     B L O
N N A G I E     E     Y E R
O B N A R W     F J   R R R
D A O R I S     S A   O R O
R L D G K T     N K   N A G
O A H A X R     Y E   B F E
G Z S R E O     D C   U E R
K O O C L T     E A   X K S
C V J I A M     R V   T U
I I   A A       E     O L
N C       N             N
```

BASEBALL GREATS
Puzzle # 31

```
  H R R   J W R     C D   Y
  A I E A A I O G   A R   E
  R C G L C L Y E   R A   K
R R K G S K L C O   L N   C
O Y E I I I I A R J H O   I
G H Y E M E E M G O U E   D
E E H J M R M P E E B L   L
R I E A O O C A B M B K   L
C L N C N B C N R O E C   I
L M D K S I O E E R L U   B
E A E S   N V L T G L B
M N R O   S E L T A
E N S N   O Y A     N
N   O     N
S   N         N A Y R N A L O N
```

SEATTLE MARINERS 2021 PLAYERS
Puzzle # 32

```
  D   M C   J K T   N
  I E A I P U E Y   N       S
C C E R R N A S Y L U       N
A H G I C E U T N E W D R I E
S R O K O L L U A R Y N E H R
E I C S G E S S N A A I G C R
Y S A W O K E S M N T T I U O
S F S A N D W H I D T S N K T
A L T N Z E A E D E M U A I S
D E I S A R L F D R I J H K I
L X L O L R D F L S L   H I U
E E L N E A   I E O L   C E L
R N O   S J   E T N S   T S
              L O       I U
          D N           M Y
```

BASEBALL SLANG
Puzzle # 33

S	O	P	P	O	S	I	T	E	F	I	E	L	D
E	P			H	R	H	U	B	A	R	B		
N	E	P	O								K		
I	A	A	E	S						N	R		
O		L	Y	S	N			O		E			
L	R	T	L	O		T	O		C	U			
L	C	W	A	F	P	R	W		K	G		P	S
A	I	I	B	F	I	M			A		U	O	
B	R	N	L	P	C	N	A		E	R		N	U
T	C	B	L	I	K	G	N	L		U		C	T
A	U	I	A	T	L	C	S	R		N		H	H
E	I	L	M	C	E	A	E		D		O	P	
M	T	L	S	H	X	T			O		U	A	
		E	A	C				W		T	W		
		T	T		H			N					

CHICAGO WHITE SOX 2021 PLAYERS
Puzzle # 34

D	L	H	R	G		L	S				C		
A	I	C	E	A		U	T		B	E		L	
L	A	E	Y	R	N	C	E		R	S		A	
L	M	P	N	R	O	A	E		I	A	A	D	
L	A	H	O	A	E	S	S	H	A	R	I	N	
A	S	E	K	L	T	R	G	S	N	H	C	A	
N	K	N	L	D	T	E	I	N	G	E	R	R	
C	E	D	E	O	C	D	O	I	O	R	A	G	
E	U	R	A	L	R	N	L	V	O	N	G	I	
L	C	I	H	O	O	A	I	A	D	A	Y	N	
Y	H	K	C	P	C	M	T	G	W	N	R	A	
N	E	S	I	E	H	I	O	I	D	U	M		
N	L		M	Z	E	T	N	E	E	S			
		T				Z	L	A					
C	R	A	I	G	K	I	M	B	R	E	L		Y

ARIZONA DIAMONDBACKS 2021 PLAYERS
Puzzle # 35

	D	O	T		R	A		J			
S	R	H	A		A	S	C	.			
T	A	S	Y	J	L	D	A	B			
E	P	R	L	O	I	R	R	.	M		Y
F	P	A	O	S	U	U	S	B	E	B	J	L
A	I	V	R	H	G	B	O	U	R	R	O	P
N	L	N	W	V	A	A	N	K	R	E	S	I
C	C	O	I	A	L	L	K	A	I	T	H	T
R	R	T	D	N	E	C	E	U	L	T	R	N
I	E	L	E	M	U	A	L	S	L	D	E	A
C	L	U	N	E	G	B	L	K	K	E	D	M
H	Y	A	E	T	I	R	Y	A	E	G	D	E
T	T	D	R	E	M	E	S	L	E	I	O
O			R		R		L	U	C	J
N				A		Y	S	K

DETROIT TIGERS 2021 PLAYERS
Puzzle # 36

M	I	G	U	E	L	C	A	B	R	E	R	A	
	I	A			C		R		E	R	J
	C	T	B		A		E		D	O
	H	L	U		S		S		N	B	W
J	A	A	C		E		U		A	A	B	I
O	E	R	K		Y		O	T	K	X	I	L
S	L	E	F		M		H	D	I	E	E	L
E	F	P	A		I		A	K	E	L	L	G	I
C	U	Y	R		Z	N	N	R	B	A	R	C
I	L	L	M		E	S	U	E	A	R	O	A
S	M	I	E		C		F	K	D	E	S	S
N	E	W	R	H			E	H	D	L	S	T
E	R		O				L	I	O	Y	M	R
R	L	O	R	K	N	A	I	Y	L	O	T	A	O
O	P						K	L		N

82

BASEBALL GREATS
Puzzle # 37

		D	S	D		N						
K		A	R	E		I			S			
E		V	E	N	K	L		P	A	C		
N	R	E	G	N	I		S		G	A	M	H
G	E	W	N	I	R		O	O	A	U	C	U
R	N	I	I	S	B		G	Z	Y	L	R	C
I	I	N	F	E	Y		E	Z	L	M	A	K
F	K	F	E	C	P		S	I	O	O	W	K
F	H	I	I	K	U		O	E	R	L	F	L
E	P	E	L	E	C		O	S	D	I	O	E
Y	L	L	R	K			G	M	P	T	R	I
,	A	D	O	S	E			I	E	O	D	N
J	R		R	L	T			T	R	R		
R			E	T				H	R			
.			Y	N	A	E	D	Y	Z	Z	I	D

MILWAUKEE BREWERS 2021 PLAYERS
Puzzle # 38

C		M	A	A	K	E	D							
H	E		A	L	I	E	V	A			N	J		
R	D	O	R	E	C	S	A	N	G		R	I	A	
I	U	M	I	C	R	T	T	I	N	R	E	A	K	
S	A	O	O	B	A	O	S	E	O	O	N	C	E	R
T	R	D	F	E	G	N	U	L	W	W	L	O	C	O
I	D	R	E	T	L	H	G	V	N	D	I	Z	O	W
A	O	E	L	T	I	I	L	O	E	Y	M	N	U	D
N	E	P	I	I	A	U	E	G	T	T	Y	E	S	Y
Y	S	L	C	N	S	R	D	E	L	E	B	R	I	T
E	C	E	I	G	I	A	N	L	O	L	O	O	N	E
L	O	G	A	E	V		A	B	K	L	H	L	S	L
I	B	N	N	R	A		J	A		E				L
C	A	A	O				C		Z					E
H	R						H							Z

ATLANTA BRAVES 2021 PLAYERS 2
Puzzle # 39

	J		N		E			E						
	A	Z	O	N	H		H	N	K					
	S	E	S	O	C		I	A	Y		E			O
	S	P	N	S	A	S		R	M	L		D	J	R
	E	ó	A	R	P	T		E	E	E		D	O	L
	E	L	W	E	N	E	L	A	E	W		I	H	A
	L	N	S	D	A	P	L	D	R	R		E	A	N
	D	A	Y	N	I	H	A	R	F	I		R	N	D
	E	O	B	A	T	E	V	I	E	G		O	C	O
	L	Y	S	N	S	N	U	A	I	H		S	A	A
	A		N	A	I	V	D	N	D	T		A	M	R
	C		A	I	R	O	M	Z	D			R	A	C
	R		D		C	G	A	A	E			I	R	I
	U				T	D		R				O	G	A
	Z				A		F						O	

NEW YORK YANKEES 2021 PLAYERS
Puzzle # 40

	N	N		J		Z	G			Y			Z	
O	A	E	K	A		A	L			O	Y		E	
Z	M	S	Y	M		C	E		G	E	E	W	U	
Z	R	T	L	E		K	Y		A	N	N	A	G	
I	E	O	E	S		B	B	A	R	D	A	N	I	D
R	G	R	H	O		R	E	L	Y	R	E	D	R	J
Y	O	C	I	N		I	R	E	S	Y	H	Y	D	L
N	G	O	G	T		T	T	H	A	S	W	P	O	E
O	N	R	A	A		T	O	S	N	G	E	E	R	M
H	I	T	S	I		O	R	R	C	O	R	R	Y	A
T	M	E	H	L		N	R	U	H	M	D	A	L	H
N	O	S	I	L			E	O	E	E	N	L	E	I
A	D	J	O	O			S	I	Z	Z	A	T	O	E
	R	K	N			G				A	J	U		
	.	A	L	U	C	A	S	L	U	E	T	G	E	

KANSAS CITY ROYALS 2021 PLAYERS
Puzzle # 41

	Y		C	D	H		S	M	C
J	D	S	A	L	A		D	A	I	A
A	A	E	R	E	N		O	L	T	C	R	R
R	L	R	L	I	S		M	V	N	H	O	L
R	E	A	O	F	E		I	A	O	A	N	O
O	R	V	V	S	I	R	N		N	D	M	E	I	S
D	Y	O	I	S	R	A	I		G	O	U	L	M	H
D	A	L	L	A	R	L	C		O	R	A	A	E	E
Y	N	D	O	N	E	B	K		T	P	T	.	K	R
S	O	R	D	T	M	E	Y		A	E	S	T	I	N
O	H	A	R	A	T	R	L		P	R	H	A	M	A
N	E	H	A	N	I	T	O		I	E	S	Y		N
	A	C	W	A	H	O	P		A	Z	O	L		D
	R	I	D		W		E			J	O		E
	N	R	E			Z				R			Z

OAKLAND ATHLETICS 2021 PLAYERS
Puzzle # 42

S		S	J		F	R		T	D		A	J	
T		T	.		R	A		I	N		N	A	S
E		A	B		A	M		T	A	D	D	M	E
P		R	.		N	O		E	L	E	R	E	J	A
H		L	W	E	K	N		P	E	O	E	S	A	N
E		I	E	L	I	L		O	R	L	W	K	K	M
N		N	N	V	E	A		R	O	I	C	A	E	A
P		G	D	I	M	U		I	M	S	H	P	D	N
I		M	E	S	O	R		E	H	G	A	R	I	A
S		A	L	A	N	E		M	C	U	F	I	E	E
C		R	K	N	T	A		S	T	E	I	E	K	A
O		T	E	D	A	N		U	I	R	N	L	M	
T		E	N	R	S	O		Y	M	R		I	A	
T			U						A		A	N	
Y			S								N		

SAN FRANCISCO GIANTS 2021 PLAYERS
Puzzle # 43

	F	A		L	D	T	D		M	T		J
	U	L		A	R	H	O		I	Y	A	O
	R	E		M	O	A	N	S	J	K	L	I	S
	N	X		O	F	I	O	E	O	E	E	C	E	T
	I	D	I	N	W	R	V	R	H	Y	R	R	A	N
	R	I	L	T	A	O	A	O	N	A	R	A	L	A
	A	C	A	E	R	E	N	L	N	S	O	G	V	Y
A	D	K	S	W	C	S	S	F	Y	T	G	N	A	R
L	E	A	A	N	T	O	R	C	R	E	I	R	B
E	R	C	D	O	R	L	E	U	Z	R	L	E	S
X	S	T	E	D	A	A	M	E	E	S	R	Z	I
W	O	R	J	N	D	N	L	T	M		A		R
O	N	U	R	A	A	O	I	O	S		J		K
O		C		R		W		K	
D				B				I	

ST. LOUIS CARDINALS 2021 PLAYERS
Puzzle # 44

	R	T			B	M		J		J
	E	D	O			R	A	U		U
	N	I	D		A	A	J	T	S	J	N
	Z	M	E		L	N	A	T	T	O	I
	I	H	I		I	N	D	K	C	I	H	O
	N	C	V		S	O	O	E	A	N	N	A	R
	K	S	O		A	D	N	W	R	W	A	N	F
	W	D	N		N	N	W	O	P	I	M	Q	E
	E	L	A		C	O	A	O	E	L	D	U	R
	R	O	H		H	R	D	D	N	L	E	E	N
	D	G	O		E	L	D	F	T	I	Y	Z	A
	N	L	J		Z	E	E	O	E	A	M	A	N
	A	U			G	L	R	R	M	M	D	D
		A			N	L	D		S	O	A	E
		P			A					T	Z

84

ST. LOUIS CARDINALS 2021 PLAYERS
Puzzle # 45

	A	G	R			T	R	R					
A	D	A	E		E		.	E	E			Y	J
N	A	S	N	M	N		P	J	T	D		N	A	O
D	M	O	E	I	Z		A	.	N	A	N	O	D	S
R	W	S	S	K	I	A	U	M	E	B	A	S	I	E
E	A	O	I	N	N	L	L	C	P	N	M	L	E	R
W	I	D	S	U	K	E	D	F	R	O	D	R	R	O
M	N	N	C	Y	W	X	E	A	A	S	E	A	M	N
I	W	U	A	H	E	R	J	R	C	I	Y	C	O	D
L	R	M	B	G	R	E	O	L	T	R	M	N	L	O
L	I	D	R	N	D	Y	N	A	T	R	M	A	I	N
E	G	E	E	A	N	E	G	N	A	A	O	L	N	
R	H		R	W	A	S		D	M	H	T	Y	A	
	T		A	K								D		
		Y	E	L	T	I	H	W	I	D	O	K		

SAN FRANCISCO GIANTS 2021 PLAYERS
Puzzle # 46

			M		C	N		B	S				C
		J	A		H	O		R	I				A
		A	U	S	A	S		A	V	B	K	S	M
	W	S	R	T	D	R		N	A	R	E	A	I
T	I	O	I	E	W	E		D	D	A	R	M	L
N	L	N	C	V	I	K		O	N	N	V	M	O
A	M	V	I	E	C	C		N	I	D	I	Y	D
Y	J	E	O	O	N	K	I	C	L	O	N	L	O
R	O	R	S	D	D	T	D	R	Y	N	C	O	V
B	E	F	L	U	U	R	X	A	A	B	A	N	A
S	Y	L	E	B	G	O	E	W	J	E	S	G	L
I	B	O	R	O	G	M	L	F		L	T		
R	A	R		N	A	P	A	O		T	R		
K	R	E			R			R			O		
	T	S						D					

CLEVELAND INDIANS 2021 PLAYERS
Puzzle # 47

	Z				A	G		N		S		
	E	C			N	A		O		E		
	R	A			D	B		S		G		
	E	M	O		R	R	B	N	K		D	
	P	H	S		E	I	O	H	Y		E	
O	O	I	C		A	S	E	B	O	L		H		L
W	T	L	A		L	G	L	B	J	E		N		O
E	R	L	R		E	I	A	Y	L	N		I		G
N	E		M		X	M	R	B	E	E		T		A
M	B		E		Y	E	I	R	I	L		S		N
I	O		R		O	N	A	A	N	S		U		A
L	R		C		U	E	S	D	A	O		A		L
L			A		N	Z		L	D	N				L
E			D		G		E							E
R			O				Y							N

BASEBALL SLANG
Puzzle # 48

			C	R			C	C	C			C
	G	C		A	E		G	A	R	U	F	G	A
	O	A	C	U	T	C	O	C	U	O	R	I	A	T
C	L	N	U	G	T	O	P	O	G	O	T	R	S	B
I	D	O	T	H	I	M	H	L	H	K	A	E		I
R	E	F	O	T	H	E	E	L	T	E	I	M		R
C	N	C	F	L	P	B	R	A	N	D	N	A		D
U	S	O	F	O	U	A	B	R	A	N	C	N		S
S	O	R	M	O	N	C	A		P	U	A		R	E
C	M	N	A	K	A	K	L		P	M	L		A	A
A	B	D	N	I	E	E	L		I	B	L		L	T
T	R	I	G	N	L	R			N	E			L
C	E	S	A	G	C				G	R			E
H	R	H	P			C	Y	C	L	E			C
	O						R	E	G	N	I	D

CINCINNATI REDS 2021 PLAYERS 2
Puzzle # 49

J		S	N		A	T	J			S
O		H	T	A		R	O		O		O
S		O	R	M		I	N		N		C	N
é		G	A	E		S	Y	A	A	R	Z	I	A
B	L	O	H	E		T	S	L	T	Y	I	O	L
A	U	A	N	R		I	A	E	H	A	N	N	L
R	C	K	R	F		D	N	J	A	N	A	E	E
R	A	I	A	E		E	T	O	N	H	L	L	T
E	S	Y	B	K		S	I	L	I	E	A	P	S
R	S	A	R	I		A	L	O	N	N	.	é	A
O	I	M	E	M		Q	L	P	D	D	J	R	C
	M	A	K			U	A	E	I	R	.	E	K
	S		C			I	N	Z	A	I	R	Z	C
			U			N					X		I
			T			O							N

PHILADELPHIA PHILLIES 2021 PLAYERS
Puzzle # 50

S	F			I	O			S	M		
U	R		A	R	K	D		P	A		Z
I	E	M	D	H	S	U		I	U		A
R	D	A	O	Y	W	B		L	R		C
O	D	T	N	S	O	E		S	L	I	A		H
A	G	Y	T	I	H	K	L		A	I	C	N		E
L	E	G	V	S	O	N	H		M	H	I	D		F
E	R	A	I	M	S	A	E		C	P	O	R		L
C	G	L	E	E	K	J	R		O	R	L	E		I
B	I	V	R	D	I	S	R		O	E	L	W		N
O	D	I	L	I	N	I	E		N	L	O	K
H	I	S	I	N	S	V	R		R	Y	V	N
M	D		N	A		A	A		O	T	E	A
	G			R					D		R	P
			T						A	P

BASEBALL POSITIONS
Puzzle # 51

			R	E	H	C	T	A	C
			S	H	O	R	T	S	T	O	P
		D	L	E	I	F	T	H	G	I	R
E
S			E	S	A	B	D	R	I	H	T
A
B				E	S	A	B	T	S	R	I	F
D		D	L	E	I	F	R	E	T	N	E	C
N		I	N	F	I	E	L	D	E	R
O					H
C		O	U	T	F	I	E	L	D	E	R
E				T
S			T
		L	E	F	T	F	I	E	L	D	E	R
		R		R	E	H	C	T	I	P

TEXAS RANGERS 2021 PLAYERS
Puzzle # 52

M	D		N		W	D	J		S		
I	E	T		O		I	E	O		P	D
K	N	A		T		L	M	N	J	E	R
E	N	Y	A	T		L	A	A	O	N	E		N
F	I	L	N	A	D	I	R	H	S	C	W		I
O	S	O	D	P	R	E	C	H	E	E	A		T
L	S	R	Y	R	A	C	U	E	T	R	N		R	J
T	A	H	I	E	L	A	S	I	R	H	D		A	O
Y	N	E	B	C	L	L	E	M	E	O	E		M	S
N	T	A	á	N	A	H	V		V	W	R		N	H
E	A	R	ñ	E	Y	O	A		I	A	S		O	S
W	N	N	E	P	B	U	N		N	R	O		S	B
I	A		Z	S	L	N	S		O	D	N		A	O
C				O							J	R
Z				K							Z

TAMPA BAY RAYS 2021 PLAYERS 2
Puzzle # 53

K	E	V	I	N	K	I	E	R	M	A	I	E	R
					J			J				C	
					E	N		O				O	
W		W	T			F	O		E	U	M	L	
O	T	A	O	J	J		F	S		Y	A	I	L
L	A	N	M	O	I		R	P		W	E	K	I
P	Y	D	M	S	M		E	M		E	S	E	N
U	L	E	Y	H	A		Y	O		N	S	F	M
L	O	R	H	L	N		S	H		D	O	O	C
N	R	F	U	O	C		P	T		L	R	R	H
A	W	R	N	W	H		R	N		E	B	D	U
D	A	A	T	E	O		I	A			E		G
R	L	N	E		I		N	Y			K		H
O	L	C	R				G	R			I		
J	S	O					S				M		

TEXAS RANGERS 2021 PLAYERS 2
Puzzle # 54

			W	A				A		
	A		I	I	Z	A		D		L
	D		E	L	C	E	N		O		E
	E	J	K	L	R	U	D		L		T
	J	O	R	I	A	G	Y		I	W	S
N	E	H	U	E	G	I	I		S	D	E	O
I	T	N	B	C	D	R	B	B	G	A	S	P
C	N	K	K	A	I	D	á	R	A	V	B	A
K	O	I	C	L	V	O	ñ	O	R	I	E	N
S	S	N	O	H	A	R	E	C	C	D	N	E
O	R	G	R	O	D	Y	Z	K	í	D	J	T
L	E		B	U		R		H	A	A	A	R
A	D		N		R		O		H	M	E
K	N		E		L			L	I	H
A			Y		T			N	S

SAN DIEGO PADRES 2021 PLAYERS
Puzzle # 55

J					J	P				J	R
U			C		T	I	A	I		E	N	A	Y
R	A	O	R		I	N	K	E	D		R	O	K	A
I	U	D	A		M	I	E	R	R		I	C	E	N
C	S	A	I		H	T	M	C	E	J	C	N	C	W
K	T	H	G		I	A	A	E	W	O	H	A	R	E
S	I	C	S		L	R	R	J	P	R	O	L	O	A
O	N	A	T		L	A	I	O	O	G	S	E	N	T
N	A	M	A		C	S	H	M	E	M	M	E	H
P	D	Y	M		R	N	N	E	M	E	K	N	E
R	A	N	M		O	I	S	R	A	R	R	W	R
O	M	N	E		T	C	O	A	T		A	O	S
F	S	A	N		C	K	N	N	E		M	R
A		M			I		Z	O			T
R					V					H

OAKLAND ATHLETICS 2021 PLAYERS
Puzzle # 56

A					R	S		J		N
.		T	Y		A	A		A		I
J		O	A		M	M		M		H
.		N	N	A	O	M		E		C
R	P	Y	G	D	N	O		S		A
E	U	K	O	A	L	L		K		M
D	K	E	M	M	A	L		A		L
N		M	E	K	U			P		E
I		P	S	O	R			R		A
P	O	R	E	M	O	R	L	E	U	G	I	M	M
D				A	A			E		I
A				R	N			L		V
H				E	O			I
C				K				A
								N

87

CHICAGO CUBS 2021 PLAYERS
Puzzle # 57

```
    K  J  Z        P  M  N  Y     L  A
 F     Y  O  E  I     A  I  A  A     L  R  N
 R  L  H  U  A        T  C  Y  L  R  I  A  I
 A  E  N  G  N  J  R  H  R  O  A  G  T  C
 N  A  H  E  I  H  A  I  A  E  Z  F  E  N  O
 K  L  E  S  R  A  K  C  E  L  L  A  M  A  H
 S  E  N  H  D  P  E  K  L  Y  A  E  R  C  O
 C  C  D  W  O  P  J  W  R  K  T  L  O  L  E
 H  M  R  Y  R     E  I  U        R  O  V  A  R
 W  I  I  F  L     W  S  C        E  R  E  O  N
 I  L  C  A  E     E  D  K        B  T  R  I  E
 N  L  K  R  U     L  O  E        D  E  T  G  R
 D  S  S  G  N     L  M  R        A  G        R
 E        A  A                    A        E
 L        S  M                             S
```

MLB CITIES & LOCATIONS
Puzzle # 58

```
    M     O  C  L  E  V  E  L  A  N  D  W
    I     C  T  A  M  P  A  B  A  Y  E  P
    A     S                    S        H
    M     I                 T           I
    I  I  C              A        W     L
 Y  N     N           R        P  E     A
 T  O     A  N        I     I  B  S     D
 I  T     R     E  Z     T  C  O  T     E
 C  G     F     O  S  T     H  S  H     L
 S  N     N  N     S  O     I  T  O     P
 A  I     A     B        T  C  O  U     H
 S  H     S  U              A  N  S     I
 N  S     R                 G     T     A
 A  A  G  T  O  R  O  N  T  O        O
 K  W  H                          N
```

BASEBALL GREATS
Puzzle # 59

```
    C  H  O  C
 A  A  S  A  B     K  J     L  M
 R  R  C  L  R  S  C  U     L  I     E
 L  M  A  R  O  T  I  A     E  C     D
 Y  O  R  I  O  R  W  N     B  K     D
 A  N  C  P  K  E  D  M  Z  A  E     I
 S  K  H  K  S  B  E  A  E  P  Y     E
 T  I  A  E  R  O  M  R  M  A  C     M
 R  L  R  N  O  R  E  I  O  P  O     A
 Z  L  L  ,  B  N  O  C  G  L  C     T
 E  E  E  J  I  I  J  H  Y  O  H     H
 M  B  S  R  N  B     A  T  O  R     E
 S  R  T  .  S  O     L  F  C  A     W
 K  E  O     O  R        E     N     S
 I  W  N     N           L     E
```

HOUSTON ASTROS 2021 PLAYERS
Puzzle # 60

```
       K  M     K  Z     R  C  M  A  L
       E  A     C  E     A  R  I  E  U
       N  R  B  I  R     F  I  C  R  I
       D  T  R  M  A     A  S  H  R  S
 B     A  I  O  R  V  R  E  T  A  O  G  Y
 R     L  N  O  O  L  O  L  I  E  C  A  U
 Y     L  M  K  C  Á  B  M  A  L  S  R  L
 A     G  A  S  C  N  E  O  N  B  O  C  I
 N     R  L  R  M  A  L  N  J  R  L  I  G
 A     A  D  A  S  D  G  T  A  A  R  A  U
 B     V  O  L  A  R  A  E  V  N  A     R
 R     E  N  E  H  O  R  R  I  T  C     R
 E     M  A  Y  C  Y  C  O  E  L        I
 U     A  D           I     R  E        E
       N  O           A        Y        L
```

TORONTO BLUE JAYS 2021 PLAYERS
Puzzle # 61

```
A     A  G  A  R  L        T              J
L  R     R  N  A  A        R  N           O
E  E     E  I  T  N  N     E  O        J  R
S  J  G  A  L  L  H  D  I  R  V  S     O  D
I  A  N  L  A  P  O  A  P  E  O  R  D  S  A
L  N  I  E  V  I  N  L  S  E  R  E  A  E  N
O  D  R  K  C  R  Y  G  E  S  R  K  N  B  R
D  R  P  M  I  T  C  R  O  E  I  C  N  E  O
L  O  S  A  V  S  A  I  G  M  C  I  Y  R  M
E  K  E  N  Y  S  S  C  A  C  H  D  J  R  A
A  I  G  O  E  S  T  H  I  G  A  Y  A  I  N
F  R  R  A  R  O  R  U  T  U  R  E  N  O  O
A  K  O  H  B  R  O  K  N  I  D  R  S  S
R     E              A  R  S  O  E
   G                 S  E     C  N
```

LOS ANGELES ANGELS 2021 PLAYERS
Puzzle # 62

```
   D  A  V  I  D  F  L  E  T  C  H  E  R  L
         N           A     S     R        A
A        A           D  P  A     A        V
R  A     N  T  J     M  A  H  I  J  I     O
R  U     O  H  A  S  A  M  I  S  O  S     D
E  S  S  T  O  I  T  T  E  L  E  S  E     N
U  T  A  P  I  M  E  T  A  G  L  E  L     A
G  I  M  U  E  E  V  T  T  O  G  Q  I     S
R  N  S  N  H  B  E  H  O  S  I  U  G     K
O  W  E  I  O  A  C  A  N  S  é  I  L     C
I  A  L  T  H  R  I  I     E  S  N  E     I
N  R  M  S  S  R  S  S     L  O  T  S     R
U  R  A  U     I  H  S     I  J  A  I     T
J  E  N  J     A  E        N     N  A     A
   N           K              A  S     P
```

ARIZONA DIAMONDBACKS 2021 PLAYERS
Puzzle # 63

```
                  A  S  P
      N  K  T     I  T  A     H
C  K  T  O  E  A  J  U  V  A  T
O  O  Y  E  V  Y  E  A  I  N  I  C
R  L  T  R  I  L  M  R  N  D  M  A
B  E  I  A  N  O  O  T  S  R  S  R
I  C  C  M  G  R  T  F  M  E  Y  S
N  A  E  I  I  C  R  A  I  W  E  O
M  L     R  N  L  E  I  T  Y  L  N
A  H     E  K  A  B  R  H  O  I  K
R  O     Z  E  R  M  C     U  R  E
T  U        L  K  U  H     N     L
I  N           E  H  I     G     L
N     B  R  Y  A  N  H  O  L  A  D  A  Y
J  O  S  H  R  O  J  A  S  D
```

MILWAUKEE BREWERS 2021 PLAYERS
Puzzle # 64

```
   A  B  Z  D  B     B           O
E     T  R  E  E  R  Y  R     C     M
D     L  E  H  V  A  D  A     O  W  A  R
U  S  A  T  C  I  N  R  D  T  R  I  R  E
A  E  R  T  N  N  D  A  B  Y  B  L  N  S
R  Y  E  A  A  W  O  H  O  R  I  L  A  U
D  E  P  N  S  I  N  E  X  O  N  Y  R  O
O  R  Y  D  L  L  W  N  B  N  B  A  V  H
E  O  D  E  E  L  O  I  E  E  U  D  A  N
S  L  D  R  U  I  O  A  R  T  R  A  E  A
C  B  E  S  G  A  D  L  G  A  N  M  Z  I
O  A  R  O  I  M  R  B  E  Y  E  E     R
B  P  F  N  M  S  U     R  L  S  S     D
A           F           O              A
R           F        R
```

DETROIT TIGERS 2021 PLAYERS 2
Puzzle # 65

			M			M					R
	E		B	I			I				E
	S	D	R	G		J	G	H			N
	A	A	Y	U	I	A	U	A			I
J	A	Z	A	E	S	W	S	E			R
A	H	C	N	L	A	I	O	L	J		O
K	C	A	G	D	A	L	N	C	O	L	G
E	I	M	A	E	C	L	F	A	S	D	N
R	R	E	R	L	P	I	O	B	E	C	O
O	E	R	C	P	A	C	L	R	U	A	S
G		O	I	O	R	A	E	E	R	S	Y
E		N	A	Z	E	S	Y	R	E	T	A
R			O	D	T			A	N	R	R
S			E	R				A	O		G
			S	O							

ATLANTA BRAVES 2021 PLAYERS
Puzzle # 66

K		C	D			A	T	F		M			
E		H	A	A	A	Z	O	R		A		S	
Z		A	N	U	B	N	U	E		X		H	
T	N		R	S	S	R	A	K	D	J	F	N	A
A	I		L	B	T	A	I	I	D	O	R	I	N
M	L	K	I	Y	I	H	R	T	I	R	I	T	E
R	M	E	E	S	N	A	D	O	E	G	E	R	G
E	O	V	M	W	R	M	A	U	F	E	D	A	R
L	T	A	O	A	I	A	E	S	R	S		M	E
Y	H	N	R	N	L	L	R	S	E	O		S	E
T	S	S	T	S	E	M	I	A	E	L		I	N
	O	M	O	O	Y	O	H	I	M	E		R	E
	J	I	N	N		N	E	N	A	R		H	
	T			T		T	N		C				
	H			E									

CLEVELAND INDIANS 2021 PLAYERS
Puzzle # 67

	Z	T	E	T			O		B	N		O		
	E	R	S	R	O	S	I	E	R	O	J		W	
Z	R	E	A	I	S	E	R	R	A	S	A	C	E	
E	I	V	L	S	C	G	A	N	D	N	M	A	N	F
R	M	O	C	T	A	D	S	I	L	H	E	S	M	R
E	A	R	L	O	R	E	O	E	E	O	S	E	I	A
P	R	S	E	N	M	H	R	C	Y	J	K	L	L	N
O	D	T	U	M	E	N	D	L	Z	L	A	P	L	M
T	L	E	N	C	R	I	E	E	I	E	R	H	E	I
R	O	P	A	K	C	T	M	M	M	I	I	C	R	L
E	R	H	M	E	A	S	A	E	M	N	N	A	R	
B	A	A	M	N	D	U		N	E	A	C	Z		E
O	H	N	E	Z	O	A		T	R	D	H		Y	
R			I							A		E		
		E							K		S			

BASEBALL STADIUMS
Puzzle # 68

			T	K		Y			C		
			R	R		A			I		G
			O	A	T	N		R	T		L
		T	P	P	A	K		O	I		O
		M	K	I	S	R	E		G	F	B
		O	R	C	L	G	E		E	I	E
		B	A	A	A	E	S		R	E	L
		I	P	N	N	T	T		S	L	I
		L	O	A	O	F	A		C	D	F
		E	C	F	I	I	D		E		E
		P	T	I	T	E	I		N		F
		A	E	E	A	L	U		T		I
		R	P	L	N	D	M		R		E
		K		D					E		L
		P	N	C	P	A	R	K			D

TAMPA BAY RAYS 2021 PLAYERS
Puzzle # 69

	A	B			S	D	R	A		S	Z	
F	N	R		R	P	R	Y	U		H	J	U
R	D	A		A	I	E	A	S	S	A	O	R
O	A	R	N	N	L	W	N	T	I	N	E	C
N	N	E	D	D	L	R	Y	I	O	E	Y	N
I	C	W	O	Y	I	A	A	N	G	M	W	O
N	I	K	N	A	H	S	R	M	R	C	E	S
U	S	I	L	R	P	M	B	E	A	C	N	L
Z	C	T	O	O	T	U	R	A	H	L	D	E
E	O	T	W	Z	T	S	O	D	C	A	L	N
K	M	R	E	A	E	S	U	O	T	N	E	
I	E	E		R	R	E	G	W	J	A		
M	J	D		E	B	N	H	S	H			
	I	G		N					A			
	A	E		A					N			

NEW YORK YANKEES 2021 PLAYERS
Puzzle # 70

Y	O	E	N	D	R	Y	S	G	O	M	E	Z	
A	K	O	I	H	S	A	G	I	H	E	L	Y	K
	E	S	T	E	V	A	N	F	L	O	R	I	A	L
		N	E	L	L	A	G	E	R	G			
		T	I	O	V	E	K	U	L				
J		A	A	R	O	N	J	U	D	G	E		
O		D	E	I	V	I	G	A	R	C	I	A	
E		A	L	E	H	S	R	U	O	I	G		
Y		N	I	C	K	N	E	L	S	O	N		
G		A	Z	A	R	E	P	D	L	A	W	S	O
A		W	A	N	D	Y	P	E	R	A	L	T	A
L				L	I	G	S	I	U	L			
L	T	R	E	Y	A	M	B	U	R	G	E	Y	
O													

NEW YORK METS 2021 PLAYERS 2
Puzzle # 71

	F		G	P		M	S	L		M		R
	R	A	E	A	I	T	U	T	O		A
O	A	L	O	T	C	E	I	R	R	L
C	N	B	F	R	H	P	S	E	G	L
S	C	E	F	I	A	H	G	V	E	I
I	I	R	H	C	E	E	U	O	D	M	V
S	S	T	A	K	L	N	I	R	B	A	N
E	C	A	R	M	C	N	L	W	O	R	A
C	O	L	T	A	O	O	L	I	C	K	H
N	L	M	L	Z	N	G	O	L	A	P	T
A	I	O	I	E	F	O	R	L	J	A	A
H	N	R	E	I	O	S	M	I	Y	N
C	D	A	B	K	R	E	E	A	T	O
	O		A	T	K	M	O	J
	R		O	S	N

LOS ANGELES ANGELS 2021 PLAYERS
Puzzle # 72

A	D	A	V	I	D	F	L	E	T	C	H	E	R
G	N								J	A
N		T					U		N
I			H			A		J	T
N	J			O		N		O	H	H
S	N	O			N		L	S	E	O
A	A	A			Y	A	é		C	N
J	C	D		G	R	I		T	Y
O	N	E		A	G	E		O	B
R	I	L	R	L	N	R	E
E	F	L	E	E	D	Y	M
S	F	S	S	O	A	B
O	I	L	U	I	S	R	E	N	G	I	F	O	N	O
J	R	A	O
G	S	A	L	E	X	C	O	B	B	M

91

BASEBALL STADIUMS
Puzzle # 73

	M			D						
	U			O		K				
	I			D		R				M
D	D	K		G	K	A	M	C		U
L	A	R		E	R	P	A	A		I
E	T	A		R	A	D	R	M		D
I	S	P		S	P	I	L	D		A
F	N	Y		T	T	A	I	E		T
Y	A	A		A	S	M	N	N		S
E	M	W		D	U	E	S	Y		L
L	F	N		I	R	T	P	A		E
G	F	E		U	T	U	A	R		G
I	U	F		M	N	N	R	D		N
R	A				U	I	K	S		A
W	K				S	M				

92

THERE ARE MORE
PUZZLE BOOKS AVAILABLE!

Please go to:
piggybackpress.com
FOR MORE!

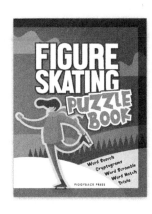

Made in the
Middleto
08 M

65